형제,
유배지에서
꿈을 쓰다

정약용과 정약전의 실학 이야기

형제, 유배지에서 꿈을 쓰다

우현민 글 · 김세현 그림
전국초등사회교과모임 감수
서울대 뿌리깊은 역사나무 추천

오오북

차례

마재의 봄 _6

돌아온 참게 _16

형제의 시간은 깊이 흐르고 _23

빛을 모아 그린 초상화 _33

새로운 학문에 눈을 뜨고 _44

백성이 주인인 나라 _56

불효자가 되어 _69

멀고 먼 만백성의 나라 _75

지극한 사랑 _83_

마재의 강은 변함이 없고 _91_

어두운 그림자 _101_

율정의 이별 _113_

소의 귀를 닮은 섬 우이도 _123_

검은 바다 흑산도 _136_

끝내 보지 못한 세상 _142_

깊이 보는 역사 - 실학 이야기 _155_

작가의 말 _164_

참고한 책 _166_

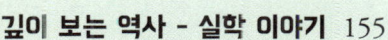

마재의 봄

겨우내 꽁꽁 얼어 있던 산맥 밑을 흐르던 물이 살얼음을 녹이고 강으로 흘렀다. 굽이굽이 돌면서 얼마나 많은 뿌리를 적시며 왔는지, 마재*의 강물에선 봄나물 냄새가 물씬 났다.

마재는 두 강이 만나는 두물머리다. 산과 계곡을 돌아 나온 강과 넓은 들을 지나온 강이 만나는 곳이다. 협곡을 돌아온 윗물은 차갑고 들을 지나온 아랫물은 따스했다. 두 물은 성질이 달랐지만 서로 싸우지 않고 조용히 낮은 곳으로 흘렀다. 물가에 바싹 붙어 있는 논으로 넘치는 법도 없었다. 물이 필요할 때면 아이들도 물살이 세지 않은 곳에 들어가 동이

---

* 정약용 형제의 고향 마을로 당시 행정상 명칭은 광주군 초부면 마현리. 정약용은 주로 '소내'로 칭함, 그 외에도 두릉, 열상, 능내 등의 이름으로 불림, 현재 행정 구역 명칭은 경기도 남양주시 조안면 능내리 마현 마을. 천주교 사적지의 하나.

로 물을 퍼 나르곤 했다.

　봄볕이 따사로워지자 얕은 물은 아이들 차지가 되었다. 물에 찬 기운만 가셔도 아이들은 첨벙첨벙 강으로 뛰어들었다.

　"오늘도 물수제비 한판?"

　약전이 집 아래 열수*를 가리키며 물수제비뜨는 시늉을 했다. 말이 끝나기 무섭게 약용은 책에 코를 박은 채 댓돌 아래로 내려섰다. 약전의 말이라면 뭐든 따라 하고 보는 터라 사실 물어볼 것도 없었다. 더욱이 지난해 어머니가 돌아가신 뒤로는 잠자리에서도 꼭 붙어 자려 했다. 열 살배기 동생은 옆구리를 파고들어서도 한참 뒤에야 잠이 들곤 했다.

　어머니는 약용에게 각별했다. 말을 하기 시작하면서 글을 줄줄 읽을 만큼 영특하기도 했지만, 몸이 약해 어지간히 속을 끓였기 때문이다. 유난히 부스럼이 많기도 했고, 머릿니와 서캐 때문에 자주 소동을 벌이기도 했다. 봄날이면 어머니는 약용을 무릎에 눕혀 놓고 일일이 머리카락을 훑어가며 이를 잡아 주었다.

　마마에 걸려 의원마저 손을 놓았을 때도 어머니는 약용의 곁을 지켰다. 형제들은 얼씬도 못 하게 한 채 약초를 직접 달여 먹였고, 피고름을 받아 냈다. 아버지가 나서서 말렸지만 소용없었다. 약전은 어머니의 몸이 상하는 것을 그저 지켜봐야 했다. 가족 모두가 가슴을 졸이는 사이 어머니는 기어이 약용을 낫게 하였다.

---

* 한강의 다른 명칭.

약현과 형수가 살뜰히 챙겨도 어머니의 빈자리를 대신할 수는 없었다. 약전은 일부러 약용을 산으로 강으로 데리고 다녔다. 처음엔 방 안에 틀어박혀 나오지 않으려 떼를 쓰고, 약전을 피해 하루 종일 광에 숨어 있기도 했다. 그러나 약용도 약전의 고집을 당해 내지는 못했다. 홀쩍거리며 뒤쫓아 오다 어느 틈엔가 보면 약전의 손을 꼭 잡고 있었다.

잠자코 앉아 있던 약종이 신발을 가져왔다. 약종은 약용의 버선에 묻은 흙을 턴 다음 찬찬히 신겨 주었다.

"좋! 너도 같이 갈 거지?"

"형님이 가자시면요."

으레 그렇듯 약종은 약용과 약전 사이에서 있는 듯 없는 듯 따라나섰다. 약전은 슬쩍 장난기가 발동했다. 커다란 덩치로 약종 앞을 턱 막아서며 골리듯 물었다.

"내가 따라오지 말라면?"

약종은 제자리에 서서 멀뚱히 약전을 올려다보았다. 장난인 줄 알면서도 얼굴이 발그레해졌다.

"하하, 농이야, 농!"

약전은 호방하게 웃으며 비켜섰다. 그제야 약종의 입가에 웃음이 돌았다. 산산한 바람이 형제의 등을 밀어주었다. 바람결에 시큼 텁텁한 누룩 냄새가 풍겨 왔다. 마당을 나서다 말고 약전은 멍석에 늘어놓은 고두밥을 한 움큼 집어 입안으로 털어 넣었다. 꼬들꼬들한 고두밥을 씹는 사이 입꼬리가 절로 올라갔다. 약종이 덩달아 입을 오물거렸다.

"낼모레면 형님 좋아하시는 막걸리를 드실 수 있겠네요."

배꽃이 하얗게 필 때쯤이면 어머니는 약현 형수와 함께 집에서 막걸리를 담그곤 했다. 가마솥 가득 찐 고두밥에 누룩을 섞고 술이 익을 때까지 광에다 두는데, 단지마다 부글부글 끓어오르면 온 집 안에 막걸리 냄새가 진동했다. 약전은 술지게미도 받아먹을 만큼 막걸리를 좋아했다. 약현 형수 혼자 담근 술맛이 어떨까 식구들 모두 궁금해하며 기다리는 중이었다.

"크윽!"

약전은 막걸리 들이켜는 소리를 내며 손에 남아 있는 고두밥을 약용의 코에 바싹 댔다. 그제야 약용은 얼굴을 돌리며 책을 접었다. 이마를 찡그리자 눈썹 사이에 생긴 마마 자국이 덩달아 치켜 올라갔다. 마치 눈썹 세 개가 꼬리를 물고 올라가는 새처럼 보였다.

약전과 약종은 서로 얼굴을 보며 웃음을 주고받았다. 마마 자국을 보자 약용이 자리를 털고 일어났을 때 환호하던 어머니의 웃음소리가 들리는 듯했다. 야윈 어깨가 들썩일 만큼 큰소리로 웃던 모습이 눈에 선했다.

"물수제비에서 진 사람이 새벽 공부 때 깨워 주기다! 아버님보다 먼저 일어나서 끼워야 해!"

약전은 공연히 목소리를 높인 뒤 양팔을 벌려 동생들의 어깨를 감쌌다.

대문을 나서자 언덕 아래로 늘어선 느티나무가 싱그러운 새 잎사귀를 흔들어 댔다. 포슬포슬해진 흙을 들추고 올라온 푸나무들이 어지러이 자라 있었다. 성질 급한 꽃다지가 노란 애기 꽃대를 내밀었다.

강에서 불어오는 바람에 옷자락이 기분 좋게 펄럭였다. 느티나무 사이로 뱀처럼 휜 강줄기가 보였다. 나룻배가 드문드문 떠 있었다. 나루 가까이 내려가자 사공들의 말소리가 우렁우렁 울렸다.

"아, 이 사람아. 뭘 그리 꾸물대나!"

"어따, 형님. 갑치지 좀 마시오."

오르내리는 손님들로 나루터는 몹시 분주했다. 비릿한 새우젓 냄새가 바람에 실려 왔다. 서해에서 새우젓을 싣고 한양으로 가는 길에 들른 모양이다. 곡물을 잔뜩 싣고 들어오는 배도 보였다. 한양으로 가는 배들은 물살이 센 두미협*을 건너기 전에 조안나루**에 들러 이런저런 채비를 했다. 주막에서 하룻밤 묵어가기도 했다. 저마다의 사연을 꺼내 놓으며 왈왈 입씨름을 하고, 막걸리를 걸치는 모습이 언제 보아도 정겨웠다. 약전은 동생들 어깨에 둘렀던 팔을 내리고 서서 나루터를 바라보았다.

"쩐 형님."

약용이 손가락으로 모래밭을 가리켰다. 강 위쪽 모래밭에서 오종종한 아이들이 편을 갈라 물텀벙이 놀이를 하고 있었다. 한 명씩 들어다 물속에 던져 놓고서는 빠진 아이도 빠뜨린 아이도 무릎을 치며 웃었다. 찬물을 끼얹으며 와닥닥 뛰어다니느라 모래밭이 시끌시끌했다. 늘 약전이 앞장서긴 했지만 형제는 종종 마을 아이들과 스스럼없이 어울리곤 했다. 약전은 약종에게 눈짓을 한 다음 약용의 손을 잡고 모래밭까지 한걸

---

* 경기도 하남시 창우동과 배알미동에 걸쳐 있는 한강의 일부.

** 경기도 남양주시 조안면에 위치한 나루.

음에 달렸다.

"아휴, 형님들! 천천히요."

약용은 숨을 헐떡이면서도 웃음을 멈추지 않았다. 약종의 입도 헤벌쭉 벌어졌다. 말간 봄 하늘만큼이나 웃음소리가 청량했다. 약전은 동생들의 웃음소리가 마냥 좋았다. 어머니가 다르기도 하지만, 약현*과는 한데 어울려 놀기엔 나이 차가 많이 났다. 때문에 셋이 몰려다니는 일이 많았다.

산(山)
- 다산의 나이 7세 때 처음으로 지은 한시

작은 **산**이 큰 **산**을 가렸네
멀고 가까움의 지세가 다른 탓이지.

---

* 정약전, 정약종, 정약용의 이복 형. 정약현의 부인인 경주 이씨는 동생 이벽으로부터 천주교를 받아들임. 또한 정약현의 맏딸 정명련은 남편 황사영(黃嗣永)을 전도해 신유사옥 때 제천 배론에서 백서 사건을 일으킴.

돌아온 참게

삼 형제가 막 강에 도착했을 때였다.

"참게다!"

얕은 물에 들어가 있던 아이가 소리쳤다. '참게'라는 말에 약전은 신발을 신은 채 곧장 물속으로 뛰어들었다.

"참말이냐? 어디, 어디?"

약용이 덩달아 바지를 사타구니까지 걷어붙였다.

"아직 물이 찰 텐데?"

약종이 둘을 번갈아 보며 물었지만, 이미 약전은 참게를 쫓느라 정신이 없었다. 물가에서 놀던 아이들이 한꺼번에 우르르 몰려갔다. 약용도 서둘러 아이들 꼬리에 붙었다.

"와! 많다, 많아!"

너도나도 경중경중 뛰어다니며 소리를 질러 댔다. 아이들보다 게가 빨랐다. 게들은 버둥거리며 모래를 헤집었다. 어떤 놈은 잽싸게 돌 밑으로 머리를 들이밀었다. 약전은 옷이 젖는 줄도 모르고 돌을 들추며 참게를 쫓았다. 참게는 민물에서 자란 뒤 가을에 강굴을 따라 내려갔다가 봄이 되면 강을 거슬러 올라와서 알을 낳았다. 부화된 새끼 참게는 이듬해 봄, 다시 민물로 돌아왔다.

"잡았다!"

한 아이가 소리쳤다. 신호라도 된 듯 곧이어 아이들 손에 참게가 달려 올라왔다.

"아, 아얏!"

"으, 헤헤헤."

집게에 물려 비명을 지르면서도 웃음이 끊이지 않았다.

"요건, 알배기네!"

한 아이가 암컷의 등껍질을 벌렸다. 노란 알이 옹골차게 들어 있었다. 옆에 있던 아이가 허우적대는 집게발을 잡더니 짚으로 끌어맸다. 참게는 톡 불거진 눈알을 으리조리 굴렸다. 아가미에서는 거품이 끓었다.

약전을 따라 물에 뛰어들긴 했지만, 약용은 선뜻 게를 잡지 못했다. 바지춤을 여미고 약전의 뒤를 졸졸 따라만 다녔다. 약전의 손에는 이미 여러 마리의 게가 들려 있었다. 짚에 꿰어 덜렁대는 게들이 집게발을 추켜세우며 내젓는 바람에 자꾸 엉켰다. 하는 수 없이 약전도 짚으로 집게발을 끌어매려 할 때였다.

"에잇, 왜 나만 안 잡히는 거야!"

바쁘게 쫓아다녀도 여태 빈손인 아이가 샘을 부렸다. 통통 불어 식식대더니 게가 숨어 있음직한 곳을 골라 돌을 내리쳤다.

"풍덩!"

물이 사방으로 튀었다.

"예끼, 이 녀석!"

약전이 냅다 소리를 질렀다. 다른 아이들은 잠시 손을 멈추었다가 이내 게를 쫓았다. 움찔했던 아이는 곧 시무룩해지더니 물 위로 고개를 떨어뜨렸다. 약전은 아이 옆으로 다가가 손가락으로 슬며시 게 있는 곳을 가리켰다. 아이의 얼굴에 금세 웃음이 번졌다.

다시 물속으로 고개를 들이밀려 할 때였다. 물그림자가 약전 뒤에서 어른거렸다. 약용이 다리 잘린 게 한 마리를 들고 불렀다.

"형님!"

삶아서 발갛게 익은 게는 다리, 몸통 가릴 것 없이 뚝뚝 잘 부러뜨렸건만 다리가 잘려 나간 채 살아 움직이는 모습은 퍽 애처로워 보였다. 약전은 물어보지 않아도 약용의 마음을 이미 알아챘다.

"이리로 와 봐."

약전은 물이 아주 얕은 곳으로 걸음을 옮겼다. 손가락 끝으로 버둥거리는 게를 잡고 약용이 조심조심 따라왔다.

"전에 보니까, 어떤 게들은 다리가 잘려도 새로 나더라."

약용의 눈이 순간 반짝였다. 약전은 잡은 게를 한쪽에 두고, 모래를 파 물웅덩이를 만들었다. 약종이 말없이 다가와 손을 보탰다. 바닥에서 스미듯 솔솔 올라온 둘이 금세 고였다. 흙이 가라앉자 물도 맑아졌다.

"쫑, 조만조만한 돌멩이 좀 주워 올래?"

약종이 바로 말귀를 알아듣고 돌을 모아 왔다. 약전과 약종은 웅덩이 가장자리에 자근자근 돌을 쌓았다. 약용은 엉거주춤 서서 형들을 지켜보았다. 집게의 움직임이 느려질 때쯤 그럴 듯한 집이 완성되었다.

"빨리 여기에 넣어."

약전이 게를 가리켰다.

"예, 형님."

약용은 서둘러 게를 물웅덩이에 넣었다. 물에 들어가서도 게는 한참 동안 움직이지 않았다.

"죽었나?"

약용이 고개를 갸웃하자 약전이 손가락으로 게를 건드렸다. 그제야 게는 잘린 다리를 벌리며 움직였다.

"나뭇가지에 새순 올라오듯이 새살이 곧 올라올 거야."

"참말로요?"

약용과 약종이 동시에 물었다. 약전은 빙긋이 웃으며 대답했다.

"수시로 와서 지켜보려무나."

또 한 번 약용의 새 눈썹이 춤을 추듯 움직였다. 봄빛에 물든 산 그림자가 강물 위로 길게 드리웠다.

여름날 소내에서

정약용

비갠 뒤에 모래 둑 넘치던 물 줄어드니
깎인 잔디 누운 버들 뿌리가 다 드러났네
종다래끼 손에 들고 이웃 노인 따라 나가
물고기를 잡느라고 해 저문 줄 모르네.

형제의 시간은
깊이 흐르고

"형님! 게 다리가, 참말로 게 다리가 나왔어요!"

약용이 마당으로 들어서며 소리쳤다. 소리를 들었으면 바로 뛰어나올 텐데, 아무런 기척이 없었다. 약용은 고개를 갸웃거리며 마루 위로 올라갔다. 무릎걸음을 한 채 엉금엉금 방문 앞으로 갔다. 방마다 문을 열어 보고는 이내 댓돌로 내려섰다.

"형님, 쩐 형님! 어디 계세요?"

"둘째 도련님이요?"

거름지게를 지다 말고 장쇠가 약용 앞으로 달려왔다. 장쇠의 눈에는 업어서 키운 도련님들이 하나같이 아기 같았다. 응석을 받아주듯 약용과 눈을 맞춰 대였다.

"쩐 형님?"

텃밭 앞에 섰던 약종이 손가락으로 뒤꼍을 가리켰다. 약용은 여전히 고개를 갸웃거리며 뒷마당으로 돌아갔다. 약종의 말대로 약전이 거기 있었다. 약전의 뒤통수만 봐도 약용은 입이 절로 벌어졌다.

"형, 형님……."

목소리를 낮추었다. 약전은 마당에 엉덩이를 붙이고 앉아 나무 다듬는 데 온 신경을 쏟고 있었다. 바지는 온통 흙더버기였다. 옆에는 나뭇가지가 수북했다. 약전은 익숙한 끌 놀림으로 나뭇가지를 다듬었다. 굵기가 비슷한 가지를 잘라 둥글게 휜 다음 옆으로 연결했다. 그리고는 끈으로 층층이 엮었다. 둥그스름한 게 바가지 같기도 하고, 박 같기도 했다.

약용은 궁금한 것을 눌러 참느라 입안에 침이 고였다. 약전이 눈치를 채고 슬쩍 손을 늦추며 물었다.

"이게 뭔 줄 알겠니?"

"뭐예요?"

약용이 바투 다가앉으며 물었다.

"'지구의'라는 거야."

"지, 구, 의요?"

"우리가 살고 있는 땅 모양을 본뜬 거지."

들을수록 알쏭달쏭했다. 약용은 발로 땅을 땅땅 굴렀다.

"이렇게 판판한 땅이 박처럼 둥글다고요?"

얼굴 가득 믿을 수 없다는 표정을 지었다. 약용의 모습이 귀여운 듯 약전이 입 모양을 따라 하며 짧게 대답했다.

"내가 본 책에 의하면, 그렇다는구나."

"어떤 책인데요?"

책이란 말이 약용의 호기심을 더 부추겼다. 당장 보여 달라며 떼라도 쓸 기세였다. 천자문을 배울 때부터 학문에 대한 호기심은 아무도 따라 올 사람이 없었다.

"하하, 무슨 책인지 알려 주고말고. 책벌레 앞에서 책 얘기를 했는데, 어찌 그냥 넘어갈까?"

약전은 나무를 다듬으면서 최근 관심을 갖고 보는 책에 대해 이야기를 시작했다.

"서양에서 들어온 책인데, 하늘과 땅에 관한 것들이 기록돼 있단다. 저 멀리 바다 건너 사람들도 세상에 대해 궁금한 것이 많은가 보더구나."

"하늘과 땅이 대해서요?"

사방으로 튼 나뭇가지를 그러모으느라 약용의 손이 바빴다. 둘은 나란히 앉아 끊임없이 대화를 이어 갔다. 그러는 동안 투박한 지구의가 완성되었다. 우툴두툴하지만 단단한 나무로 둘러싸여 있는 구였다. 약전은 완성된 지구의 위에 북극을 기준으로 경도와 위도를 계산해서 그려 넣었다.

"어떠냐? 우리가 살고 있는 땅이? 둥글둥글하니까 어디서나 똑같이 보이겠지?"

약용이 조심스럽게 두 손으로 받쳐 들었다.

"형님은 지구의를 본 적 있어요?"

"아니, 본 적은 없어. 그냥 책에서 읽은 대로 모양을 상상해서 만들어 본 거란다."

신기함을 감추지 못하고 약용은 요리조리 지구의를 돌려 보았다. 얘기가 길어져도 약용은 좀처럼 싫증 난 기색이 없었다.

"지구 저 깊숙한 곳에서 끌어당기는 힘이 있는데…… 음, 이번엔 땅이 아니라 하늘을 알아야겠구나."

약전은 아예 마루로 올라가 종이를 펼쳤다. 먹을 쿡 찍어 천체를 그렸다. 쓱쓱 쉽게 그린 것 같지만 선 하나하나가 섬세했다. 자분자분 설명을 이어 가자 약용의 눈이 선을 따라 움직였다. 그러다가도 틈틈이 처마 아래로 고개를 쑥 내밀어 하늘을 올려다보았다.

"저기, 하늘에서 뚝 떨어진 것 같아요."

"하하, 그러냐? 뭐든지 다 너에게 보여 주고 싶은 내 마음이 전해졌나 보구나."

약전의 그림은 사물을 그대로 옮겨 놓은 듯 정교하고 세밀했다. 꽃을 그리면 벌이 날아들 것 같았고, 염소를 그리면 뿔로 치받으며 뛰쳐나올 것 같았다. 사실 약용도 그림을 곧잘 그렸다. 어릴 적부터 삼 형제는 어머니 곁에서 함께 그림을 그리곤 했다.

"형님 그림을 보면…… 어머니가 생각나요."

약용의 눈이 촉촉이 젖었다. 눈물을 참으려는 듯 손등으로 눈을 꾹 눌렀다. 약전은 일부러 약용과 눈을 맞추지 않았다. 대신 동생이 좋아할 이야기를 들려주었다.

"하루는 그런 적이 있었단다. 어머니께서 마당에 우두커니 서서 나비를 보고 계신 거야. 무슨 근심거리가 있나 걱정이 되어 여쭤 보니 외증조부님 얘기를 들려주시더구나."

약용이 또록또록한 눈가의 물기를 훔치며 물었다.

"그 무서운 초상화 할아버지요?"

"하하, 맞아. 그래 뵈어도 할아버지는 당대 초고의 화가셨어˚. 어머니가 어렸을 때의 일이래. 나비를 쫓아 뛰어다니고 있는데, 할아버지가 나비 한 마리를 잡아 오시더래. 어머니는 당신한테 주시는가 보다 하고 잔뜩 기대하고 있는데, 으리조리 뚫어져라 한참을 보시고는 다시 휙 날려 보내셨다지 뭐야. 어머니가 서운해서 저녁때까지 새치름해 있자 할아버지가 부르셨다는구나."

약전을 따라 약용이 침을 삼켰다.

"할아버지께서 뾰로통해 있던 어머님께 그림 한 장을 주시더래. 바로 낮에 보았던 그 나비와 똑같은 그림을 말이야. 낮에 본 나비가 종이에 내려앉은 것 같더래. 당대 최고의 화가셨지만 손녀에게 나비를 그려 주기 위해 그렇게 관찰을 하셨다는 거야. 대충 그려도 따라갈 사람이 없을 만큼 잘 그리는데도 말이야."

˚ 공재 윤두서. 겸재 정선, 현재 심사정과 함께 조선 후기 삼자로 불림. 고산 윤선도의 증손자이자 정약용의 외증조부. 윤두서의 〈자화상〉은 국보 제240호임.

약용이 알 듯 말 듯한 표정을 지었다.

"어머니가 그러셨어. 무얼 하든 그런 마음으로 해야 한다고. 아무리 작은 일이라도 늘 마음을 다하라고."

약전은 두툼한 손으로 동생의 등을 톡톡 두드려 주었다. 부드러운 등의 울림이 두 사람의 가슴으로 전해졌다.

"이제 게는 다시 강으로 갔겠지? 다리가 새로 나왔으니 말이야."

약전이 약용의 귀에 대고 속삭였다. 약용의 새 눈썹이 먼저 웃었다.

약전은 틈만 나면 손으로 뚝딱뚝딱 만드는 것을 좋아했다. 그럴 때마다 동생들은 마음을 홀딱 빼앗긴 채 딱 붙어 앉아 있곤 했다. 두 살씩 터울이 지는 삼 형제가 앉아 있는 모습은 꼭 잘 놓인 징검다리 같았다.

형제의 시간은 그렇게 깊이를 더해 가며 흘렀다. 같은 스승 아래서 주거니 받거니 아는 것과 모르는 것을 함께 나누었다. 해가 갈수록 학문은 더 깊어졌고, 토론은 점점 길어졌다. 학문에 있어서 생각의 차이는 있어도 나이 차는 없었다. 공부를 하다 보면 희끄무레한 새벽달을 보고서야 잠이 드는 날이 많았다. 졸음이 쏟아질 때면, 형제는 함께 얼음을 깨고 찬물로 세수를 했다. 볼이 찢겨 나가는 것처럼 아렸지만, 둘은 마주 보며 얼얼한 볼을 비비며 웃었다.

"오늘은 그만하는 게 어떤가."

토론을 먼저 끝내는 쪽은 늘 약전이었다. 약용은 싱긋 입꼬리를 올리며 받았다. 약용이 과거를 준비하느라 산속 암자에 있을 때도 정작 약전은 과거에 뜻이 없으면서도 동생을 위해 기꺼이 공부의 짝이 되어 주었다.

"네, 형님. 내려가면서 막걸리 한잔 어떠세요?"

"하하, 막걸리! 좋지!"

타고난 기질은 달라도 형제의 마음은 언제나 같은 곳으로 흘렀다.

"낼모레면, 너도 일가를 이루는구나."

알싸한 막걸리 잔에 약전의 애틋한 마음이 더해졌다. 2월에 혼례를 앞두고 있는 약용의 입가에 쑥스러운 미소가 번졌다.

산 아래 어느 집에서부터 자줏빛 목련 봉오리가 여물어 오고 있었다.

절에서 잠을 자며
- 봉은사에서 정약전과 함께 머물며 지은 시

정약용

활짝 갠 가을 하늘 끝없이 높고
얼기설기 산과 들 밝고도 멀어
새벽엔 단장 끌고 강물 건너고
구름 낀 산속에서 저녁에 쉬네
울창하게 우거진 숲속 나무들
둘러보며 답답한 마음 푸는데
그윽한 곳 행랑채 활짝 트이어
유유자적 즐기기 충분하구나

우리의 아름다운 아가위꽃이
안팎의 집안 간에 서로 비치어
너그럽게 대하고 격려도 하니
가슴속에 정성이 일어나누나.

빛을 모아 그린
초상화

약용은 한양에 신혼살림을 꾸렸다. 처가가 있는 회현동 근처였다. 한양과 마재를 바삐 오가는 사이 겨울은 끝나 가고 있었다. 함박꽃을 보려면 아직 두어 번의 꽃샘추위를 견뎌야 했지만 바람 끝에 봄 내음이 묻어났다. 혼례를 치르자마자 집안에 기쁜 소식이 있었다. 관직에서 물러나 있던 아버지가 호조 좌랑*에 임명된 것이었다. 아버지는 새로이 왕위에 오른 정조 임금의 명을 기쁘게 따랐다. 사도 세자의 아들인 정조는 열한 살 때 뒤주에 갇혀 죽는 아버지의 모습을 보고, 14년이 지난 스물다섯 살에야 보위에 올랐다. 사도 세자를 죽음에 이르게 한 노론 벽파들의 눈에 그의 아들인 정조가 곱게 보일 리 없었다. 대신들은 사도 세자

---

* 조선 시대 육조 중 하나인 호조의 관직, 품계는 정6품.

의 아들이 보위에 오르는 것을 어떻게든 막으려 했다. 때로는 억지 주장으로, 때로는 목숨을 위협하면서 죽을힘을 다해 막았다.

아버지는 노론 벽파들과 뜻이 달랐다. 사도 세자의 죽음을 애통해하며 관직을 버리고 고향에 내려와 학문에만 몰두했다. 약전은 종종 술친구가 되어 주는 것으로 아버지를 위로했다.

"주상이 그리는 세상을 위해 나의 온 마음을 다할 생각이다."

형제는 아버지의 뜻을 알기에 서둘러 한양으로 이사 갈 채비를 했다. 약전이 큰 짐을 턱턱 챙기는 동안 약종이 꼼꼼하게 작은 짐을 꾸렸다. 누구보다 기뻐한 것은 약용이었다. 한적한 시골 마을에서 형제가 한데 어울려 있다가 훌쩍 도시로 떠나온 것이 영 섭섭하던 차였다. 약용은 소식을 듣고 한걸음에 마재로 달려왔다.

"어이, 우리 새신랑 오시는가? 혼례를 올리고 나더니, 며칠 새 어른이 다 된 것 같네."

이삿짐을 정리하다 말고 약전이 벌떡 일어나 동생을 반겼다. 약용의 얼굴에 웃음이 가득 번졌다. 말수 적은 약종은 옆에서 얼굴 가득 웃음을 머금었다. 약전은 봉긋하게 끌어올린 약용의 상투를 대견한 듯 어루만졌다.

"누님과 자형도 빨리 뵙고 싶어 하십니다."

자형이라는 말에 약전의 입이 헤벌쭉 벌어졌다. 약전보다 두 살 위인 자형 이승훈과는 통하는 게 참 많았다. 약전이 서양 학문에 관심을 갖게 된 것도 자형의 영향이 컸다. 이승훈은 좋은 말벗일 뿐만 아니라, 종종 학문에 대한 근본적인 질문을 던지곤 했다. 누가 어떤 물음을 해도 거침이 없는 약전도 '공부를 왜 하냐?'는 질문에는 명쾌하게 답을 못 하고 내내 되새겨야 했다. 공부의 목적이 과거나 출세가 아닌 것은 분명했지만, 쉽게 다음 말을 잇지 못했다. 그러면 자형은 어깨를 툭 치며 웃었다. 약전은 자형의 멀건 웃음을 떠올리며 다시 만날 날을 기다리곤 했었다.

약현 부부에게 고향집을 맡기고 떠나는 마음이 무거웠지만, 한편으로는 설레기도 했다. 한양의 젊은 선비들 사이에서 천재로 소문난 이가환*을 비롯해 큰 형수의 동생인 이벽**도 수시로 만날 수 있기 때문이었다. 52년 동안 나라를 다스리던 영조 선왕이 돌아가시자 조정은 급작스럽게 돌아갔다. 젊고 패기 넘치는 선비들이 임금의 뜻을 받들기 위해 속속 모였다. 그 중심에 이벽과 이가환, 이승훈이 있었다.

"이게 누구십니까!"

약전을 보자마자 이벽은 덥석 손을 잡았다. 사돈이었지만 재고 가리는 것 없는 성격이라 편하게 대했다. 어려워하지 않은 건 약전도 마찬가지였다.

"네, 사돈 아우입니다."

약전은 큰 덩치로 넉살 좋게 이벽을 폭 싸안았다. 9척 장신인 약전의 품에서 이벽이 호탕하게 웃었다.

---

* 성호 이익의 종손이자 이승훈의 외숙. 조선 후기 천문학과 수학에 정통한 대학자. 이기양과 사돈임.

** 조선 최초로 천주교를 창설. 1645년경 소현 세자가 중국에 인질로 갔다가 올 때 그를 수행하였던 이벽의 고조부가 아담 샬 신부에게서 받아 온 천주교 서적의 일부가 집안에 전해져 내려오던 것을 이벽이 보고 스스로 깨우쳐 천주교에 입문하게 되었다고 함. 정약현의 처남.

"하하하! 여전하십니다."

이벽은 특히 천문학과 수학에 관심이 많은 약전에게 다양한 책을 소개해 주었다. 집안 대대로 전해 오는 기하학책이며, 수학책, 천문학책들을 주저 없이 빌려주었다.

"이렇게 귀한 책을 어디서 구하셨습니까?"

책을 보자 약전의 눈이 휘둥그레졌다.

"아담 샬이라는 선교사가 소현 세자께 선물했던 책입니다. 저의 고조부께서 심양에 인질로 잡혀가신 소현 세자를 모셨는데, 그때 세자 저하께 받은 책들이지요."

이벽의 말을 듣는 동안에도 약전의 눈은 책에서 빠져나올 줄 몰랐다. 책장을 넘기며 흥미로운 계산을 하느라 손가락이 쉴 새 없이 움직였다.

"허허, 그리도 재미있습니까? 사돈 아우 같은 분이 벼슬에 올라 백성을 위해 유용한 학문을 쓰시면 얼마나 좋습니까?"

이벽이 넌지시 물었다. 약전의 더부룩한 수염이 후르르 콧김에 날렸다. 뛰어난 학문에도 불구하고 약전이 과거를 보지 않는 걸 안타까워하는 이가 많았다. 약용과 아버지도 대놓고 뭐라 하진 않았지만 기회가 있을 때마다 시험 보기를 권하곤 했다. 그럴 때마다 약전은 슬쩍 말꼬리를 돌리기 일쑤였다.

"내일은 다 같이 어머님 묘소에 한번 다녀오는 게 어떻겠나?"

"네, 형님. 그러시지요."

약전이 원체 과거에 뜻이 없기도 했지만, 약용이 먼저 과거 시험에 합격하였다. 약용은 소과에 급제한 뒤 성균관이 들어가 공부를 계속하였다.

약전도 공부하는 것을 좋아했지만 그보다 저잣거리 친구들을 더 좋아했다. 뚝딱뚝딱 만든 걸 들고 나가 보여 주기도 하고, 툭하면 한데 어울려 술판을 벌였다. 거나하게 취해 동생 얘기가 시작되면 얼굴이 벌겋게 상기되도록 자랑을 늘어놓았다. 그런 약전의 칭찬을 약용은 제일로 꼽았다. 성균관에서도 어려운 문제에 부딪히면 제일 먼저 약전에게 달려와 답을 구하곤 했다.

하루는 약용이 약전의 집 대문을 열고 들어서는데, 웬 선비가 마당 한가운데 의자를 놓고 석고상처럼 앉아 있었다.

"흠, 흠."

기척을 했지만 선비는 꼼짝하지 않았다. 정수리 위로 뜨거운 햇볕이 내리쬐고 있었다. 주변을 둘러보았지만 덩그러니 의자만 하나 놓여 있었다. 볼수록 이상한 광경이었다. 땀에 젖어 저고리는 얼룩덜룩했고, 불편해 보이는 자세를 유지하느라 애를 쓰고 있었다. 약용은 빠른 걸음으로 선비에게 다가갔다.

"저, 무슨 일이신지……."

약용의 물음에 선비가 힘을 잔뜩 준 채 곁눈으로 보았다. 선비의 얼굴을 확인하는 순간 약용은 화들짝 놀랐다.

"아니, 어르신! 이기양* 어르신 아니세요?"

---

* 조선 후기 학자, 1800년 진하 부사로 청나라에 가서 천주교 교리를 직접 접하고, 귀국하여 이가환, 이벽 등과 사귐.

땀을 뻘뻘 흘리며 앉아 있던 사람은 얼마 전 중국에 사신으로 다녀온 복암 이기양이었다. 이기양은 약전보다도 열네 살이나 많았다. 나이 차에도 불구하고 두 사람은 형제처럼 어울렸다. 중국에서 새로운 물건을 가져오면 가장 먼저 약전에게 보여 주곤 했다. 저절로 찡그려지는 눈을 부릅뜨며 선생이 싱겁게 웃었다.

"허허, 허허."

짓궂은 장난을 하다 들킨 아이마냥 멋쩍어했다. 약용은 그제야 집에 암실을 만들 거라던 형님의 말이 생각났다. 빛을 이용해 초상화를 그려 보고 싶다고 했다. 약전의 제안에 이기양도 아마도 기꺼이 동참해 땡볕을 마다 않고 앉았을 것이다.

"아! 허허, 허허."

약용은 고개를 끄덕이며 선생을 따라 웃었다. 그리고 사건의 주동자인 약전이 있을 법한 곳을 찾았다. 약용은 마당 끝으로 눈길을 돌렸다. 잠자리들이 제 집인 양 어지러이 날고 있었다. 하늘을 잴 듯 서 있는 장대 너머로 문간방이 눈에 들어왔다. 분명 문간방 안에 약전이 있을 터였다. 하지만 무턱대고 방문을 열지 않았다. 약용은 슬쩍 비켜서서 일이 마무리될 때까지 잠자코 기다렸다.

이기양은 다시 허리를 꼿꼿하게 펴고 앉았다. 얼굴에 금세 땀이 길을 내며 흘렀다. 약용이 오기 훨씬 전부터 그러고 있었을 텐데, 깜깜한 암실에 틀어박혀 있을 약전의 몰골이 절로 그려졌다. 암실을 만들면서 형님이 얼마나 들떠 있었을까 생각하자 가슴에 보드라운 깃털 하나가 내려앉아 살랑대는 것 같았다.

이윽고 문간방 문이 벌컥 열렸다. 감나무 가지에 조롱조롱 앉아 있던 참새 떼가 후룩 날아올랐다.

"후우우."

약전이 혀를 빼문 채 휘적휘적 나왔다. 이기양은 꼿꼿이 세우고 있던 허리를 풀었다. 팔과 어깨를 늘어뜨리며 숨을 길게 내쉬었다. 웃통까지 벗어젖히고 둔지방에 서서 약전이 붓을 흔들었다. 땀범벅인 얼굴엔 뿌듯함과 장난기가 한데 섞여 있었다.

"어르신! 그리긴, 다 그렸습니다요!"

약용을 발견하고선 반갑게 눈인사를 했다.

"그다지 흡족하진 않습니다만."

성에 차지 않은 듯 목소리를 낮추자 이기양이 반색하며 일어섰다. 하지만 이내 털썩 앉고 말았다. 아무래도 한 자세로 너무 오래 앉아 있었던 모양이다.

"어르신, 잠시만요."

이기양이 굳은 몸을 이리저리 흔들자 약용이 살갑게 다가와 어깨와 팔을 주물렀다. 이기양의 얼굴에 슬며시 미소가 번졌다. 그러는 사이 약전이 초상화를 들고 왔다. 몸속의 물이 다 빠져나온 듯 기진맥진해 있었다. 땀에 젖은 9척 장신은 마치 물에서 첨벙거리다 올라온 곰 같았다. 덥수룩한 턱수염에서 몇 날 며칠 골몰해 있었던 흔적이 역력했다. 부리부리한 눈이 떼꾼해 보였다.

"형님, 정말 빛을 이용해서 그리신 겁니까?"

약용이 존경과 감탄의 눈빛을 하고선 물었다. 밖에 나가면 모두에게 '천재' 소리를 들었지만 약용이 기를 써도 따라갈 수 없는 것이 약전의 실천력이었다. 똑같은 책을 보고 난 뒤 약용이 다음에 공부할 책을 찾아 꼬리를 문다면, 약전은 어느새 책에서 본 것을 쓱쓱 그려 내거나 뚝딱뚝딱 만들었다. 사람들에게 이롭다 싶으면 반드시 만들어 보고야 마는 성미였다. 그냥 만들어 보는 정도가 아니라 쓰임까지 꼼꼼하게 짚어 냈다. 그럴 때마다 약용은 묻기를 반복했다. 오늘이라고 예외일 수 없었다. 약용의 눈이 반짝였다.

"빛을 어떻게 모으신 거예요?"

형제의 습관을 잘 아는 이기양이 약전의 손에서 초상화를 빼서 펼쳤다.

"잘생긴 내 얼굴 먼저 본 다음에, 시작하게."

약전이 돌아보며 말을 받았다.

"거꾸로 된 그림자를 따라 그리다 보니, 잘생긴 얼굴을 이렇게 망쳐 놓고 말았습니다. 어쩝니까?"

약전의 너스레에 이기양이 껄껄 웃음을 터뜨렸고, 약용도 따라 웃었다.

빛을 이용해 초상화를 그려 보겠다 마음먹은 뒤로 약전은 문간방에서 살다시피 했다. 빛이 들어오는 방향을 살펴 자리를 잡은 다음, 구멍 하나만 남기고 방을 칠흑같이 깜깜하게 만들었다. 그리고 돋보기를 구멍에 맞춰 놓았다. 돋보기에서 몇 자 거리를 둔 곳에 종이를 펼친 뒤, 종

걸고두던 그럼 자름 따라 2리다 얼굴은 생내긴 이렇게 놀고 땀 흘렸습니다 어쩔내까이에 거꾸로 비친 모습을 따라 초본을 그렸다.

"이리로 와 보렴."

약전은 약용을 문간방으로 데려갔다. 해가 들어오는 쪽에는 구멍이, 반대편에는 돋보기가 붙어 있었다.

"저 작은 구멍으로 쏟아지는 빛을 보고 있노라면, 세상의 모든 기운이 한데 모이는 것 같단다. 사람의 마음도 이렇게 한곳으로 모일 수 있다면 얼마나 좋을까……."

약전은 빛을 안기라도 하듯 팔을 벌렸다. 느릿느릿 뒤따라 들어온 이기양이 방문을 열었다.

"공부는 끝이 났는가?"

이기양이 발을 들여놓자 그보다 앞서 빛이 성큼 들어왔다. 약전의 가슴에 모였던 빛이 사방으로 퍼지며 옅어졌다.

"모으는 건 어려워도 흩어지는 건 참 쉽지? 아주 작은 틈이라도 생기면, 언제 모였냐는 듯 금세 흩어지고 말거든."

약전의 깊은 속을 알고 있다는 듯 약용이 고개를 끄덕였다. 한낮의 열기를 고스란히 머금고 있던 방에 세 사람의 그림자가 물결처럼 어른어른했다. 약전은 자신도 모르게 일렁이는 마음을 누르며 마재의 강물을 떠올렸다.

"고여 있는 것처럼 물결이 잔잔해 보여도 강물은 언제나 바다를 향해 흐르고 있지."

약전은 뻑적지근한 숨을 고르며 혼잣말처럼 되뇌었다.

술지(述志)*

정약용

소년 시절 서울에서 노닐 때
교제하는 수준이 낮지 않았네
속기 벗은 운치가 있기는 하면
충분히 속마음을 통했네
힘껏 공자 맹자의 학문으로 돌아와
두 번 다시 시속에 맞음 묻지 않았네
예의는 잠시나마 새로워졌으나
탓 듣고 후회할 일 이로부터 나왔네
지닌 뜻 확고하지 않다면
가는 이 길 그 어찌 순탄하리오
중도에 가는 길 바꾸어 버려
길이 뭇사람의 비웃음 받을까 걱정이네.

---

* 평생의 뜻, 뜻을 술회함.

새로운 학문에 눈을 뜨고

대문 앞에 서 있던 장쇠가 약전을 보자 벙글거리며 소리쳤다.
"둘째 도련님 오십니다요!"
약전의 대과 급제 소식에 가족 모두 기쁨을 감추지 못했다. 여태 참고 있던 웃음을 한꺼번에 쏟아 내듯 아버지가 호탕하게 웃었다.
"허허허, 약전아! 진즉에 그럴 줄 알았다만, 참말로 고맙구나. 형제가 나란히 성균관에 들어가게 되었으니, 집안의 큰 경사로구나."
약전은 머쓱해서 공연히 바깥을 기웃기웃했다. 마당 안까지 들어온 옅은 볕을 따라 그림자들이 곰살맞게 움직였다.
가을 햇살만큼이나 따사로운 소식이 이어졌다.
"약용이 아들을 낳았답니다."
"아이쿠, 장하기도 하지."

아버지는 거듭 무릎을 치며 좋아했다. 몇 날 며칠 얼굴에서 웃음이 가시지 않았다. 약용이 혼례를 치른 지 7년 만이었다. 첫 딸을 낳아 닷새 만에 하늘로 보낸 뒤 꼬박 2년을 기다린 끝에 얻은 아들이었다.

약용이 하얀 이를 드러내며 마당으로 들어섰다. 새 눈썹이 날아갈 듯 넘실거렸다. 약용은 아들을 얻은 것만큼이나 약전의 급제를 기뻐했다.

"형님, 축하드립니다."

"자네야말로 진심으로 축하하네."

아버지의 환한 얼굴을 보며 형제는 서로 다정한 눈빛을 주고받았다. 소식을 듣고 올라온 약종이 거리를 두고 서서 웃었다.

"쫑! 다음은 자네 차례야."

약전이 맘에 두고 있던 말을 에둘러 했다. 과거에 뜻이 없는 건 둘째 치고, 도교의 신선 사상에 흠뻑 빠져 있는 약종이 몹시 걱정스러워 한 말이었다. 워낙 얌전하고 말수가 적은 데다 자신의 생각을 강하게 주장하는 법이 없는 성격이라 더 걱정이었다. 약종은 더없이 착한 얼굴에 미소만 띄울 뿐 선뜻 답을 하지 않았다. 다행히 약종의 살림집이 마재 본가 가까이에 있었다. 약전과 약용의 마음을 누구보다 잘 아는 약현이 수시로 들여다보고 소식을 전해 주었다. 마재를 떠나오던 날, 약전은 약용만 들을 수 있도록 나직이 일렀다.

"틈날 때마다 약종이랑 얘기를 많이 나누자꾸나."

"예, 형님."

그러나 성균관 생활은 형제의 마음과 달리 몹시 빡빡했다. 열흘마다

시험을 쳐야 했고, 매달 큰 주제의 과제를 해결해야 했다. 방과 후에는 매일 특강이 잡혀 있을 뿐 아니라 1월과 3월, 7월과 9월에 치는 정기 시험 준비도 허투루 할 수 없었다. 좀처럼 시간을 내기 어려웠다. 더구나 약전은 매일 밤 새로 시작한 서학 공부 모임에 열을 올리고 있었다. 이벽과 이승훈을 중심으로 모인 선비들의 토론은 날이 갈수록 깊이를 더해 갔다. 중국을 오가며 들여온 귀한 책을 읽고 다양한 학문에 대해 토론을 하다 보면 동이 트기 일쑤였다.

약용은 성균관에서도 특출했다. 매 시험마다 좋은 성적을 거둘 뿐 아니라 논리적이면서도 수려한 문장은 단번에 정조의 마음을 사로잡았다. 정조는 약용을 따로 불러 아끼는 책을 선물하기도 하고 직접 술을 건네기도 했다. 한번은 『국조보감』*과 함께 하얀 종이 백 필을 주었다.

아버지를 거치지 않아도 형제는 자연스레 정조의 그늘 안으로 들어갔다. 티를 내지 않으려 애썼지만 태학생들 사이에 형제의 이름이 자주 오르내렸다. 특히 노론 집안의 태학생들은 드러내 놓고 약용을 시기하였다.

"아무리 전하의 부름이 있어도 그렇지, 태학생 주제에 거절하는 것이 마땅한 일이지. 어찌 매일 밤 전하와 독대를 한단 말인가."

서너 명만 모여도 서로 목소리를 높였다. 약전 앞에서도 서슴지 않았다.

---

* 조선 시대 역대 왕의 업적 가운데 모범이 될 만한 일을 모아 후세의 왕들에게 교훈이 되도록 편찬한 편년체 역사책.

"그러면, 전하의 명을 거역하는 것이 마땅하단 말이오?"
약전이 부리부리한 눈을 치켜뜨면 그제야 말꼬리를 슬슬 돌렸다. 태학생들의 뒷말에 아랑곳하지 않고 약용은 학문에 열중했다. 그렇게 책에 파묻혀 정신없이 시간을 보내다가도 마재로 가는 나룻배에 오르면, 형제는 약속이라도 한 듯 하늘을 보고 누웠다. 그리고는 한동안 말이 없었다. 바람에 묻어오는 고향 냄새를 맡노라면 절로 눈이 감겼다.

유난히 추운 겨울이 끝나고, 봄꽃이 흐드러지게 핀 날이었다.
"어서 배에 오르시죠."
배를 앞에 두고도 형제는 선뜻 오르지 못했다. 어머니처럼, 누이처럼 따르던 약현 형수의 제사를 지내고 나오는 길이었다. 나루에 새벽안개가 자욱했다.

무거운 걸음만큼이나 가슴이 아렸다. 마음 깊은 곳에 슬픔의 계곡이 생긴 듯했다. 그리움은 시간이 갈수록 더했다. 막상 장례를 치를 때는 그저 남의 일 같았다. 형제뿐 아니라 가족 모두에게 형수의 빈자리는 컸다. 형수는 어린 나이에 어머니를 여읜 형제를 친자식처럼 보살폈다. 조금은 불편한 속말을 털어놓을 때도 잔잔히 웃으며 품어 주곤 했다. 누이의 첫 기제사라 동행한 이벽이 오히려 형제를 다독였다.

"생명 있는 모든 것의 나고 지는 것에는 의미가 있기 마련이지요."

형수와 꼭 닮은 이벽의 눈을 보자 약전은 코끝이 매워 왔다. 멍하니 강물만 바라보던 약용이 구붓한 걸음걸이로 먼저 배에 올랐다. 돛대를 등지고 서 있는 이벽의 얼굴은 피붙이를 잃은 사람이라고는 믿기지 않을 만큼 평온해 보였다. 약전은 그 모습이 더 아프게 다가왔다.

"무엇이 급해서 그리 일찍 가셨는지."

생각할수록 애통한 일이었다.

"천주께서 서둘러 데려가실 때에는 그만한 이유가 있겠지요."

이벽의 눈이 먼 하늘에 닿았다.

"천주……."

약전은 이벽을 따라 웅얼거렸다. 입안에 고여 있던 마른 공기가 입술 사이로 빠져나갔다. 이벽이 조곤조곤 말을 이었다.

"천주의 품 안에서는 길고 짧음은 있으나, 높고 낮음은 없지요. 모두가 평등합니다."

일전에 이벽이 잠깐 운을 뗀 적이 있는 서양의 종교에 대한 설명이었다. 약전과 약용이 동시에 고개를 주억거렸다. 이벽이 책을 내밀었다. 『천주실의』*오 『칠극』**이었다.

"아, 이 책이 일전에 말씀하신 바로 그 책이군요. 이번에 매형이 중국에서 가지고 왔다던."

약전이 반가움을 감추지 못하고 물었다. 돌아가신 스승 이익이 소개한 적 있는 책이기도 했다. 책을 펼쳐 들자 형제는 슬픔도 잊은 채 금세 빠져들었다.

천주교를 종교로 먼저 받아들인 건 약전이었다. 약전은 천주교의 평등사상이 과학 기술을 발전시켰다는 데 큰 감동을 받았다. 평소 과학과 수학에 관심이 많은 이유도, 무엇이든 쓰임에 맞게 만들어 사람들이 편하게 사용하길 바라서였다. 그러기 위해선 뒷받침해 줄 제도가 있어야 하는데, 그런 일은 낮고 천하게 여겨 학식 있는 사람들은 거들떠보지 않았다. 그 일을 하는 사람까지 당연한 듯 천하게 보았다.

"귀하고 천한 것의 구분 없이 세상 천지 만물이 다 하나인 세상, 모든 사람들이 평등하다면 과학 발전은 저절로 되는 것 아니겠는지요?"

서양학자와 동양학자가 여러 종교의 사상에 대해 토론을 하며 전개되는 『천주실의』의 내용은 새로울 뿐 아니라 놀라웠다. 가정을 통해 수학적 명제를 증명해 나가는 유클리드***의 『기하학 원론』을 읽으면서 약

---

* 이탈리아의 예수회 사제 마테오 리치가 1578년 선교를 위해 중국에 파견된 후, 천주교 교리를 한문으로 번역하여 1630년에 발간한 책.
** 일곱 가지 죄와 반대되는 일곱 가지 덕행. 믿음, 소망, 사랑의 향주덕과 지덕, 의덕, 용덕, 절덕의 사추덕을 이름.
*** 고대 그리스의 수학자.

전은 흥분을 감추지 못했다. 약전이 흠뻑 빠져 있는 공부에 약용이 뒤질 리 없었다. 이승훈이 북경에 갔다는 소식을 듣고서 약용이 설레며 물었다.

"매형이 이번엔 어떤 책을 가져오실까요?"

"다른 일로 가신 거라고 들었다만, 새로운 책을 보면 가져오시겠지."

약종과 함께 있는 자리에서도 형제는 천주학에 대해 여러 말을 주고받았다. 공부라면 어떤 학문에도 경계가 없었던 약용이 천주교를 받아들이는 건 자연스러웠다. 늘 그렇듯 약종은 둘의 대화를 유심히 듣기만 했다. 그럼에도 나중에 천주를 더 깊이 받아들인 건 약종이었다. 한동안 도교 사상에 심취해 있던 약종이 서학에 관심을 보이는가 싶더니, 불쑥 이벽이 주도해 서학을 공부하는 명례방 모임*에 참여하고 싶다고 했다.

"형님, 짧은 생각으로 볼 때 천주교 교리야말로 참으로 배울 게 많은 것 같습니다. 저도 명례방 모임에 데려가 주십시오."

약전은 잠시 숨을 고르고 약종의 얼굴을 살폈다. 어릴 때도 무얼 달라고 조르거나 부탁이란 걸 해 본 적 없는 동생이었다. 더구나 얼마 전까지만 해도 산과 집을 오가며 오로지 신선 사상을 읊조리던 터였다. 약전의 마음을 읽은 듯 약종이 자분자분 속내를 털어놓았다.

"영원히 사는 것이 한 가지 길만 있는 건 아닌 듯합니다. 천지 만물이

---

* 이벽, 권일신 등이 명례방에 있는 김범우의 사가에서 교리를 공부하고 기도하던 모임. 1784년 명례방에서 조선 최초의 천주교 신앙 공동체가 설립되었음. 1785년 명례방 공동체가 와해된 때로부터 113년이 지난 1898년 5월 29일 이곳에 명동 성당이 건립됨으로써 현재까지 한국 천주교회를 대표하는 상징적 건물이 되었음.

평등한 때가 온다면, 영원히 사는 것 또한 공평하야 하지 않을까요."

약전은 저도 모르게 고개를 끄덕였다.

"그래도 무엇을 취하고, 버릴지 생각해서 받아들여야 한다. 서양의 정서와 역사가 우리와 다른 것도 많으니, 무조건 따르는 건 옳지 않으니까."

약전은 자신만의 동굴을 파고 들어가던 약종이 세상 밖으로 나온 것 같아 기쁘기도 했지만 괜지 모를 불안함이 몰려왔다. 눈에 보이지 않는 어떤 기운이 등 뒤에 서 있는 것 같았다. 서늘했다. 문득, 어머님과 형수가 사무치게 보고 싶었다.

구수공인이씨묘지명
- 맏형수 묘지명

정약용

시어머니 섬기기 쉽지 않나니
계모인 시어머니는 더욱 어렵네
시아버지 섬기기 쉽지 않나니
아내 없는 시아버지는 더욱 어렵네
시동생 보살피기 쉽지 않나니
어머니 없는 시동생은 더욱 어렵네
이런 모든 일 유달없이 잘했으니
이게 바로 형수의 너그러움일세.

백성이 주인인 나라

"전하도 너무하시지 뭡니까? 느닷없이 이런 과제를 내시다니요!"
"어떻게 일흔 문항을 한꺼번에 내 주시는지."
"『중용』을 통째로 다 외워도 답을 못 할 걸세."

정조가 내 준 과제로 성균관이 시끄러웠다. 태학생들은 불만을 쏟아 냈다. 과제는 임금이 『중용』을 보며 의문이 생긴 70여 항목을 뽑아 답하라는 것이었다. 약전과 약용도 어렵긴 마찬가지였다. 책을 펼쳐 놓고 끙끙대던 형제의 눈이 마주쳤다.

"수표교*?"

---

* 조선 세종 때, 서울의 청계천에 놓은 다리. 육각형의 큰 화강암으로 된 다리 기둥 위에 길게 모난 횃대를 걸치고 돌을 깐 매우 진기한 수법의 다리로, 기둥에 새긴 경(庚)·진(辰)·지(地)·평(平)의 수위표로 물의 깊이를 재어 홍수에 대비함.

둘은 동시에 이벽을 떠올렸다. 서둘러 이벽의 집으로 향했다.

"아니, 그게 다 뭔가?"

책을 한 짐 안고 들어서는 형제를 보고 이벽이 너털웃음을 지었다. 약전 형제가 성균관에서 책을 짊어지고 나올 이유는 한 가지밖에 없었다. 동서고금을 통틀어 읽지 않은 책이 없을 만큼 박식한 이벽의 생각을 듣고 싶어서였다.

"어디, 시작해 볼까요?"

잔뜩 싸 들고 왔지만 세 사람은 번번이 책은 덮어 둔 채 토론을 벌였다. 『중용』에 비추어 퇴계 이황과 율곡 이이를 조목조목 비교하였다.

"율곡 선생이 서인의 우두머리이긴 하나, 서자들이 변방에 자원입대하면 과거 응시할 자격을 주고, 천인들이 변방에 자원입대하면 양인으로 신분을 상승시켜 주자는 방안은 참으로 합당하단 생각입니다."

약용은 생각 그대로 답을 제출했다. 퇴계 이황은 남인을 대표하는 정치인이고, 율곡 이이는 서인을 대표하는 정치인이었다. 약용의 집안은 대대로 남인이었다. 남인이면서 서인 정치인의 주장을 옳다고 한 것이다.

약용의 답안을 읽으며 정조는 껄껄 웃었다.

"그렇지! 내 이리 답할 줄 알았다. 진리를 찾아가는 데 어찌 내 길만 옳다 고집할 수 있겠느냐! 하하하! 역시, 정약용이구나."

태학생들의 표정이 일그러졌다. 약용에 대한 임금의 신임은 날이 갈수록 두터워졌다. 임금이 돌아간 뒤 남인 태학생들이 약용을 둘러쌌다.

"도대체 무슨 생각으로 그런 답을 썼단 말이오?"

"가뜩이나 전하께서 우리 남인만 등용한다고 저들이 눈을 시퍼렇게 뜨고 있는데, 대놓고 저들 편을 들다니! 듣자 하니 서학쟁이*들과 어울려 요상한 책을 본단 말도 있고!"

무리 지어 있던 노론 벽파 태학생들이 발끈했다.

"편을 들다니요? 편을 들어준다 해도 털끝만큼도 고맙지 않소이다. 더구나 서학쟁이와 어울린다면 더더욱!"

사방에서 화살이 날아왔다. 눈을 부라리며 나서던 약전도 이번엔 입을 꾹 다문 채 듣기만 했다. '서학쟁이들이 보는 책'을 정조도 함께 보고 있었기에 함부로 끼어들지 못했다. 그들이 본 책은 천주에 관한 것뿐 아니라 수학, 과학, 천문학 책도 있었다. 정조는 약전만큼이나 수학과 과학에 관심이 많았다. 약전을 몰래 불러 과학 이론을 물어볼 정도로 서학의 긍정적 가치를 인정했다. 물론 부정적인 면도 지나치지 않았다. 서학을 공부하는 젊은 선비들이 늘어나면서 조정 대신들 사이에서 오가는 말도 모르지 않았다. 서학 책과 함께 퍼지고 있는 천주학이 성리학을 뿌리째 흔들고 있다는 노론 벽파들의 원성이 점점 커지고 있었다.

"성리학이 올바로 서면, 이 모든 잡음은 저절로 사라질 것이야."

정조는 단호하고 확신에 차 있었다.

서학 모임이 역관 김범우의 집에서 열리던 날이었다. 밤이 깊도록 토론이 이어지고 있었다. 성균관 일정이 비어 약전과 약용도 오랜만에 토

---

* 천주교 신자들을 낮추어 이르는 말.

론에 참석했다.

"아무리 그래도 조상에 대한 예까지 거부할 순 없지 않겠습니까?"

천주교에서 금지한 '제사'를 지내는 것에 대해 서로 다른 의견이 심각하게 오갈 때였다.

다다다, 다다다.

발소리가 요란하게 나더니 군졸들이 김범우의 집을 에워쌌다. 곧이어 방문이 벌컥 열렸다.

"꼼짝 마라! 다들 한 발짝도 움직이지 마라!"

마약과 도박을 단속하러 다니는 형조 소속의 금리*들이었다. 야간 순찰을 하던 중 담 밖으로 새어 나간 기도 소리를 듣고 득달같이 달려온 것이었다. 그러나 방 안으로 들이닥쳐서는 오히려 금리들이 멍멍한 얼굴을 했다. 도박이나 마약과는 전혀 거리가 먼 광경이었다.

"아, 아니, 예서 뭣들 하시는 겁니까?"

내로라하는 사대부가들의 선비들이 이상한 그림을 걸어 놓고 무어라 알 수 없는 소리를 중얼거리며 둘러앉은 모습에 한참 동안 할 말을 잃은 듯했다. 금리들은 바닥에 널브러져 있는 책과 묵주를 발견하고서야 눈짓을 주고받았다. 상황 파악을 한 의금부 대장이 지휘를 서둘렀다.

"이 요상한 물건들을 모두 끌어 모아라!"

약용이 들고 있던 묵주를 만지작거리며 약전을 올려다보았다.

---

* 조선 시대에 의금부와 사헌부에 속하여 도성 안의 범법 행위를 단속하던 하급 벼슬아치.

"이것들 보시게!"

약전이 금리들 앞으로 나서려는데 집주인 김범우가 막아섰다.

"무슨 짓이냐? 그냥 두지 못하겠느냐! 여기가 어딘 줄 알고 감히!"

깐깐하고 당당했다. 의금부 대장도 물러서지 않았다.

"한 명도 놓치지 말고 모두 관아로 압송하라!"

의금부 대장은 문 앞에 떡 버티고 서서 금리들을 후렸다.

"이쪽, 이쪽으로 나오시오!"

금리들이 문을 가리키며 일행을 한쪽으로 몰았다. 약전 형제를 비롯하여 이벽, 이승훈, 이윤하, 권일신 등 이름만 대면 누구나 알 만한 인물들이었다. 이벽이 안면 있는 금리를 보며 조용히 일렀다.

"따라갈 테니, 길만 안내하게!"

잠시 저들끼리 속닥이더니 금리 몇 명이 앞에 섰다. 약전 일행은 형조로 향했다. 줄줄이 들어서는 쟁쟁한 선비들을 보고 당황한 건 형조 판서였다.

"무슨 일이냐?"

의금부 대장이 기세등등하게 가져온 물건들을 펼쳐 놓았다.

"이것 좀 보시오!"

사정을 듣는 형조 판서의 얼굴이 점점 굳어졌다. 일이 커질까 두려워하는 기색이 역력했다. 날이 밝자마자 형조 판서는 서둘러 명을 내렸다.

"압수한 서적과 물건을 흔적도 없이 태워라!"

마땅히 처벌할 죄목도 없었다. 양반들은 모두 풀어 주고 중인인 김범우만 감옥에 가두었다. 한밤중에 느닷없이 일어난 사건은 김범우만 단양으로 유배를 보내고 일단락되었다.

"허허, 이것 참!"

관아를 나서면서 약전은 고개를 절레절레 흔들었다. 황당하면서도 뭔가 모르게 께름칙했다

"별일 없을 게야."

약전은 다짐처럼 혼잣말을 되뇌었다. 그러나 이 일은 훗날 노론 벽파들이 형제를 공격할 큰 꼬투리로 남았다. 서학과 관련된 사건이 불거질 때마다 약전 형제의 이름이 거론되었다. 뿐만 아니라 형제의 행적 하나하나를 문제 삼아 시비에 붙였다. 약전이 대과에 장원 급제를 하자, 시험관이었던 이가환까지 물고 늘어졌다. 답안에 문제가 있음에도 불구하고 이가환이 약전을 뽑은 거라 상소를 올렸다.

"전하, 이가환을 당장 벌하여 주옵소서."

"내 직접 답안을 보고 판단할 것이다. 그게 사실이면 이가환과 정약전을 벌할 것이고, 그렇지 않다면 그대들을 벌할 것이다."

정조는 약전의 답안에 아무런 문제가 없음을 밝혔다. 약속한 대로 터무니없이 약전을 모함한 이를 찾아내어 엄중히 죄를 물었다.

"무고한 사람을 모함한 박장설을 전라도로 귀양 보내라."

이 일로 약전 형제를 끌어내리려는 대신들과 태학생들의 눈에 날이 섰다. 어떻게든 트집을 잡으려고 안달했다.

약전과 약용은 더욱 몸을 낮추었다. 공연히 고개를 쳐들었다가 더 큰

해가 닥칠 게 뻔했다. 아버지가 그랬듯 형제는 뒤에서 조용히 임금을 섬기고 싶었다. 임금을 뵙고 나온 날이면, 약전은 벅찬 마음을 나즈막이 되뇌이곤 했다.

"백성의 어버이로 자식을 살피듯 살뜰한 마음으로 정책을 펼쳐 나가는 군왕을 이처럼 가까이에서 모시는 일은 우리 형제의 큰 복이 아닐 수 없구나."

노론 벽파들의 끈질긴 모함에 맞서 벼슬길에 나선 지 1년이 막 지나고 있었다. 서른넷 늘그막에 얻은 아들 학초가 옹알이를 시작했다. 초롱초롱한 눈망울 가득 무언가를 담고 옹알대는 모습에 입이 다물어지지 않았다. 너른 품에 한번 덥석 안아 볼 시간도 주지 않고 학초는 무럭무럭 자랐다.

늦은 밤 어수문을 나서며 약전은 몇 번이고 고개를 주억거렸다. 어수문에 새겨진 용이 승천이라도 할 듯 달빛이 휘영청 밝았다. 가을바람에 물그림자로 내려앉은 수풀이 더 푸른 밤이었다.

날이 밝자마자 규장각으로 들어서는데 약용이 다급한 소리로 불렀다.

"형님, 소식 들으셨습니까?"

진산에 사는 외사촌 윤지충이 어머니의 장례를 치르지 않고 위폐까지 태웠다는 소문이 궐 안에 파다했다. 온 나라가 발칵 뒤집혔다.

"서양의 간악한 귀신에 홀려 제 어미의 위폐를 태우다니! 하늘이 갈라지고 땅이 치솟을 일입니다!"

"윤지충을 당장 능지처참하소서!"

상소가 빗발쳤다. '제사' 문제는 천주교를 믿는 사람들 사이에서도 편이 갈렸다. 약전과 약종도 세례까지 받았지만 제사를 거부하기는 쉽지 않았다. 몇 차례 논쟁을 벌인 끝에 약전과 약용은 서학 모임에 더 이상 나가지 않았다. 노론 벽파들에게 윤지충이 약전 형제와 외사촌 사이라는 사실은 무심코 던져둔 그물에 제 발로 헤엄쳐 들어온 물고기나 다름없었다.

정조가 아무리 천주학을 긍정적으로 본다 하도 진산 사건[*]으로 들끓는 대신들을 막을 방법은 없었다. 약전 형제를 끌어들일 것이 불을 보듯 뻔했다.

"지충이와 가까운 약종이 걱정이구나."

정조는 하는 수 없이 윤지충에게 참수형을 내렸다.

"진산군은 5년 동안 현으로 강등하고, 진산 군수는 유배형에 처한다."

하루하루가 살얼음판이었다. 더욱이 남인의 수장격인 채제공을 우의정에 앉히면서 남인과 노른 벽파 간의 갈등은 더욱 커졌다.

정조가 노론 벽파들의 극심한 반대에도 불구하고 채제공을 영의정에 앉힌 데에는 큰 이유가 있었다. 머릿속에 그리고 있는 구상을 실행에 옮기는 데에는 젊은 실학자들이 필요했다. 서양의 수학과 과학에 관심을 기울인 것도 같은 이유에서였다. 정조는 오랫동안 가슴에 품고 있던 뜨

---

* 신해사옥. 전라도 진산에서 윤지충이 그의 어머님의 장례를 가톨릭교 방식으로 행한 것에서 발단되어, 나라에서 가톨릭교를 사학으로 단정하여 가톨릭교 서적의 수입을 엄금하고, 교도인 윤지충·권상연 등을 사형에 처함. 신해년(1791)에 발발한 최초의 카톨릭교 박해 사건으로 여겨 '신해박해'로 명명하기로 함.

65

거운 덩어리를 하나씩 꺼내기 시작했다.

"아버님을 모신 수원성을 새로운 도성으로 건설할 계획이네. '빛나는 성'이라는 뜻을 담아 화성이라 이름 붙일 걸세."

정조는 약전을 불러 축성 계획을 털어놓았다.

"특정 계층들만의 도성이 아닌 만백성을 위한 도성을 쌓으려는데, 전통적인 축성법과 서양의 과학 기술을 접목할 생각이네."

설명을 듣는 동안 약전은 가슴이 벅차올랐다. 임금이 그리는 만백성의 나라가 어떨지 생각만으로도 목이 메었다. 오랫동안 조정을 쥐고 흔든 노론 대신들의 나라가 아니라, 분명 백성이 주인인 나라일 것이다. 꿈에도 그리던 만백성의 나라가 손에 잡힐 듯 가까이 있는 듯했다.

"규장각, 아니 온 나라를 뒤져서라도 축성 설계에 필요한 기술법을 찾아내겠습니다."

약전의 큰 어깨가 감격에 겨워 흔들렸다.

"한 가지 더, 수원 화성 축성 설계와 장비 제작 등을 책임질 적임자로 약용을 생각하고 있는데, 자네 생각은 어떤가?"

노론 벽파들의 시기와 질투가 하늘을 찌를 것이 명백했으나 약전은 잠시도 주저하지 않고 임금의 생각에 동의했다.

"전하, 아우만큼 전하의 구상을 완벽하게 소화해 낼 신하는 없을 것입니다."

정조는 무릎을 치며 기뻐했다. 약용의 능력은 따로 설명할 필요가 없었다.

정조는 화성 축성 계획을 빠르게 진행시켰다. 약용은 철저하게 준비하고 촘촘하게 설계를 시작했다. 중국의 윤경이 지은 『보약』과 류성룡의 『성설』을 참고해서 새로운 『성설』을 썼다. 가뜩이나 가뭄이 들어 힘든 백성들에게 강제 부역까지 시킬 순 없었다. 약용은 강제 부역이 아니라 일할 사람을 모집하 그들에게 임금을 주자고 제안했다.

"참으로 기특한 생각이다!"

정조는 약용의 제안을 흔쾌히 받아들였다. 성을 쌓는 일은 비용도 많이 들 뿐만 아니라 자칫하면 기간도 한정 없이 늘어나 백성들의 원성을 살 수 있었다. 정조는 아버지의 무덤을 화산*으로 옮긴 뒤, 약용에게 배다리 설계도 맡겼다. 한강의 특성과 비용을 이유로 조정 대신들의 반발이 심했다.

"한강에다 어떻게 다리를 놓겠다는 말씀이십니까? 당치도 않습니다!"

곧이곧대로 만들자면 실제로 불가능한 일이었다. 약용은 고심 끝에 강경 상인들의 도움을 받아 비용 문제는 물론 백성들의 피해도 줄이면서 아름다운 배다리를 만들었다. 정조는 배다리 너머에 머지않아 완공될 화성을 떠올렸다. 꾹꾹 눌러 참았던 달이 저절로 입 밖으로 나왔다.

"땅속에 계신 아버님이 얼마나 좋아하실까."

정조 역시 한 나라의 군왕이기 전에 한 아비의 자식이었다. 약용은 가슴 밑바닥이 몽글몽글 애틋해졌다.

---

* 경기도 화성시 화산동에 있는 산. 장조의 융릉과 정조의 건릉이 있음.

배다리를 건너며

              정약용

해마다 정월달이 돌아오면
임금님 타신 가마 화성으로 행하시네
가을이 끝날 즈음 배들을 모아
눈 내리기 이전에 다리 이뤘네
새 날개처럼 가지런한 붉은 난간
물고기 비늘인 양 하얀 널판지 가로로 까니
선창가 저 돌들아! 굴러가지 말고
어버이 사랑하는 임금님 마음
천년토록 길이길이 알려 주려마.

불효자가 되어

 형제와 함께 천주교를 공부했던 이들의 안타까운 소식이 이어졌다. 유배를 간 지 1년 만에 김범우의 사망 소식이 전해졌다. 감옥에서 생긴 상처를 손 한번 써 보지도 못한 것이었다.
 궐 안에서는 태학생들을 중심으로 서학을 엄히 다스리고 배척하자는 주장이 파다했다. 조정 대신들이 태학생들의 주장에 힘을 실었다. 중국을 오가며 서학 전파에 앞장선 이들의 이름을 하나하나 거론하여 상소를 올렸다. 그중에 이벽이 있었다. 형제에게 처음 천주교를 전했던 이벽은 문중 어른들의 다그침에 못 이겨 스스로 죽음을 택했다. 이벽의 나이 서른한 살이었다. 형제는 소식을 듣고도 문상조차 할 수 없었다. 이어 약전 형제와 각별하게 지내던 윤지충이 참수형을 당하고 말았다.
 외사촌 윤지충이 참수당한 일은 형제보다 아버지에게 더 큰 충격을 주었다. 잠을 이루지 못하고 속앓이를 하던 아버지가 형제를 불렀다. 형제는 밤길을 달려 아버지가 계신 진주로 내려갔다.

"주상의 뜻을 받들고, 나랏일을 하기 위해 궐에 들어간 것이 아니더냐? 어찌 정쟁에 휩쓸려 저들의 입방아에 오르내리느냐? 부디 더 이상 천주교를 가까이 하지 말거라."

꾸짖음인 듯 당부인 듯 아버지는 애타는 목소리로 일렀다. 약전과 약용은 죄스러움에 고개를 들 수 없었다.

"그런데, 약종인 안 왔느냐?"

아버지의 부름을 받고서도 약종은 오지 않았다. 형제는 답을 하지 못하고 어물쩍거렸다. 약종은 매형 이승훈에게 세례를 받은 뒤, 천주교에 더 깊이 빠져 있었다. 얼마 전부터는 사람을 모아 직접 교리도 가르치기 시작하였다. 약종의 소식을 듣고서 아버지는 곡기를 끊었다. 형제는 아버지의 수척한 모습에 발길이 떨어지지 않았다. 그 뒤 형제는 더 이상 천주교를 입에 올리지 않았다.

"약종을 만나야겠구나."

열일을 제쳐 두고 달려간 약전 앞에서 약종은 뜻을 굽히지 않았다.

"세상을 구원하는 길입니다. 형님이나 아우처럼 나랏일을 하는 것도 아니니 너무 걱정 마십시오."

약전은 깊은 한숨을 내쉬었다.

"휴우, 아버님의 걱정이 이만저만 아니다."

약종이 약전의 얼굴을 애써 외면할 때였다. 마재 본가의 장쇠가 기척도 없이 방 안으로 뛰어 들어왔다. 허옇게 쉰 머리는 마구 헝클어져 있고, 얼굴은 눈물과 땀으로 범벅이었다.

"도련님, 나리, 나리께서……."

장쇠는 말을 다 뱉어 내지도 못하고 꺼이꺼이 울음을 토했다. 퀭한 모습으로 한숨만 내쉬던 아버지의 얼굴이 꿈처럼 아련했다. 약용이 장쇠의 팔을 잡고 흔들었다.

"아버님이, 아버님이 어쩌시더냐?"

장쇠가 산발한 머리만 내저었다. 저고리 앞섶이 눈물에 젖어 얼룩덜룩했다. 소식을 알리기 위해 숨도 쉬지 않고 사방팔방으로 쫓아다녔을 터였다. 약용이 장쇠의 팔을 놓으며 털썩 주저앉았다.

"아, 아버님……."

약종이 소리 없이 무너졌다.

"서둘러 내려가자꾸나."

일어서다 말고 약전은 동생들을 꽉 끌어안았다. 손을 헛짚은 듯 미끄러졌다. 자꾸 무릎이 꺾였다. 모든 것이 자기 탓인 것만 같았다. 돌이킬 수 없는 어리석음에 주먹으로 가슴을 쳤다. 가슴이 텅 빈 듯 마른 소리가 허공에 가득 찼다. 미음이라도 한 숟가락 떠 드릴 것을, 당신은 괜찮다며 돌려보내실 때, 하룻밤이라도 곁에 머물 것을…….

동생들에게 공연히 천주학을 소개해 아버님 애를 타게 한 것까지. 약전은 감당할 수 없을 만큼 후회가 밀려왔다. 밤하늘에 야속하리만치 별이 총총했다.

하담에 도착하여

정약용

동작 나루의 이별 기억 또렷한데
이제 벌써 오 년도 넘었네
꿈속에서도 얼굴 모습 잊지 못하는데
대상 지나 또 몇 년이네
초목이야 봄 지나매 무성한데
강산은 예대로 유구하구나
생각하면 황천에서도
아스라이 고향 땅 못 잊으시니
눈물로 묘소 앞에서 아뢰옵니다
멀리멀리 찾아온 아들자식이
오늘 밤은 법천에서 묵을 것인데
지난해에야 금정에서 돌아왔습니다
시속의 사람들 말도 많은데
임금님은 유달리 인재 사랑하신답니다
애달파라 마음속의 드리고픈 말씀
묘소 안에 가닿지 못하네.

멀고 먼
만백성의 나라

약전과 약용은 아버지의 장례를 치르고, 마재에서 여막살이*를 시작했다. 그러는 동안 조정에서는 한바탕 회오리가 일었다. 사도 세자의 죽음뿐 아니라 경종의 독살설까지 거론하며 불이 붙었다. 노론과 남인 간의 갈등은 극에 달했다.

봄 햇살이 지법 따가운 오후였다. 정조는 직접 말을 몰아 마재의 여막까지 약전을 찾아왔다. 얼마나 복잡하고 괴로우던 호위 무사 한 명 없이 황급히 달려왔을까. 약전은 명치가 아려 왔다.

"자네 생각을 듣고 싶어 왔네."

약전은 차마 입이 떨어지지 않았다. 감히 마음을 헤아린다 할 수조차

---

* 무덤 가까이에 초막을 지어 놓고 상제가 생활하는 풍습.

없었다. 여막 안에 있던 약용이 황급히 뒤어나왔다.

"전하, 오셨습니까?"

약용은 더부룩하게 자란 수염을 손으로 쓱쓱 쓸어내리며 예를 갖추었다.

"괜찮네."

정조는 손을 저으며 볕이 잘 드는 곳에 자리 잡은 무덤을 물끄러미 바라보았다. 무덤에는 아직 붉은 흙 기운이 그대로 남아 있었다. 정조는 아버지 사도 세자의 묘를 이장할 때가 떠오른 듯 표정이 어두웠다. 배봉산에 있던 사도 세자의 묘를 열었을 때 물에 잠긴 영구를 보며 오열하던 날을 어찌 잊을 수 있을까.

"전하, 봄볕이라도 제법 따갑습니다. 잠시 그늘로 들어서는 게 좋을 듯합니다."

약전이 목소리를 낮추어 아뢰며 여막 뒤 작은 나무 그늘 아래로 임금을 안내했다. 아비 잃은 슬픔을 나누는 데에 어떤 말도 필요하지 않았다.

"임종을 보지 못했다고? 그래도 가시는 길에 자네들이 이렇게 함께 있으니, 편히 가셨을 거네."

진심을 담아 형제를 위로하는 임금의 마음이 느껴졌다.

"약용, 자네한테 미안한 당부를 하고 가야겠네. 화성 설계를 서둘러 줘야겠네. 계획에 차질이 없도록 약전이 도와주게."

---

* 서울시 동대문구 전농동에 있는 산. 사도 세자의 묘소인 영우원이 수원으로 옮겨지기 전에 배봉산에 있었음.

정조의 명에 따라 약전은 건설 과정 전반에 과학 이론을 접목시키기 위해 애썼다. 밤낮을 가리지 않고 연구에 몰두했다. 약용은 그에 바탕을 두고 설계를 했다.

화성 공사는 일사천리로 진행되었다. 대규모 저수지를 만들고, 척박한 땅은 농사를 지을 수 있는 토지로 개간했다. 성을 쌓는 데 있어 정조는 한 가지 원칙을 세웠다. '나랏일로 인해 백성들이 억울하게 집을 잃거나 농지를 잃는 일이 없도록 하라'였다.

원칙은 철저하게 지켜졌다. 백성들이 이주할 때 성의 안과 밖이 차별이 없었으며, 이사를 갈 형편이 못 되면 억지로 내보내지 않았다. 그러다 보니 성 둘레가 구불구불했다. 또 전국에서 모여든 일꾼들에게 임금을 지불하였을 뿐만 아니라 부족한 경비는 내탕금*으로 충당하였다. 자연히 일꾼들이 화성으로 모여들었고, 10년이 넘게 걸릴 공사는 2년 4개월 만에 마무리되었다.

기간을 단축하는 데는 약용이 만든 거중기와 녹로가 큰 역할을 했다. 중국에서 들여온 『기기도설』이란 책을 보고 만든 거중기와 녹로는 도르래의 원리를 이용해 무거운 돌을 쉽게 들어 올릴 수 있도록 만든 기구였다. 덕분에 공사에 드는 경비는 물론 일손을 크게 덜어 주었다. 또 사람이 일일이 무거운 돌을 들고 오르내리다 당할 수 있는 사고도 크게 줄였다. 정조는 공사에 관한 모든 것을 꼼꼼하게 기록하도록 하였다.

---

* 조선 시대에 내탕고에 넣어 두고 임금이 개인적으로 쓰던 돈.

『화성성역의궤』는 10권 10책에 해당하는 방대한 내용이었다.

화성 완공을 앞두고 있을 즈음, 큰형 약현이 마흔다섯의 나이로 대과에 급제를 했다. 가족뿐 아니라 문중 어른들까지 찾아와 축하해 주었다. 잔치가 끝나고, 문중 어른들이 돌아간 뒤 약현은 조용히 약전을 불렀다.

둘은 강물이 보이는 둑에 나란히 섰다. 약전은 주름진 약현의 손을 꼭 잡았다.

"형님, 지하에 계신 아버님이 제일 기뻐하실 겁니다."

약현이 멋쩍게 웃었다.

"다 늦은 나이에 과거를 본 건 오로지 아버님 영전에 바치려고 한 거네. 그래서 말인데, 나는 관직에는 나가지 않을 생각이야. 죽는 날까지 여기, 마재를 지키며 살 거야."

"아, 형님."

약전에게서 짧은 신음이 새어 나왔다.

"자네들은 아버님 뜻을 받들어 주상 전하가 만들고 있는 새 나라를 위해 온 힘을 다해 주게. 물론 돌아오고 싶을 땐 언제든 오고."

약현은 어둑해져 아무것도 보이지 않는 강을 바라보았다. 눈앞에 약종이 있기라도 한 듯 눈가가 촉촉이 젖어들었다.

"처남인 이벽이 그렇게 허망하게 가더니, 약종도 저러고 있고. 사위까지 별나게 굴고 있으니…… 이러다 정말 큰일을 당할까 걱정이야."

한숨이 어둠보다 깊었다. 약현의 사위 황사영은 정조가 인정하고 탐내는 인재였다. 그러나 임금의 부름에도 불구하고 천주교 전도에만 힘

쓰고 있었다. 약현의 마음을 누구보다 잘 알기에 약전은 아무 말도 건넬 수 없었다.

둑 위에서
정약용

늦게 갠 날을 따라 둑 위를 거니노니
짙푸른 봄 산이 참으로 맘에 드네
무자맥질 즐기는 오리 물을 끌며 쌍쌍이 가고
숲에 숨은 새끼 꿩들 한 번씩 때로 운다
흰 구름을 만나서는 혼자 서 있고
우거진 풀을 보니 부생이 가엾구려
어느 때나 산골에 가 밭을 갈며 숨어 살까
오늘 보니 어느새 흰머리가 몇 개이네.

지극한 사랑

 화성을 완공한 것은 늦더위가 막 가시기 시작한 9월이었다.
 "설계도로 본 것보다 더 훌륭하구나."
 약전 형제가 안내하는 대로 화성 곳곳을 둘러보며 정조는 칭찬을 아끼지 않았다.
 "정말 대단하네."
 마음을 알아주기만 해도 기쁠 텐데, 정조는 형제의 깊은 속뜻까지 살피며 어디 한 군데도 허술하게 보지 않았다. 서장대*로 오르면서 정조는 몇 번이고 멈춰 서서 주위를 둘러보았다. 형제는 조용히 임금의 걸음에 보조를 맞추었다. 저물어 가는 가을 해가 마을을 붉게 물들이고 있었다.

---

* 장수가 올라서서 지휘할 수 있도록 산성의 서쪽에 높이 만들어 놓은 대.

연초록의 물비늘을 일으키며 빛나던 만석거*에도 저녁 그림자가 내려와 앉았다.

멀리서 구수한 노랫소리가 들려왔다. 일을 끝낸 장정들이 얼큰하게 취해 주거니 받거니 노래를 부르는 모양이었다. 해거름이 아쉬운 듯 백로 떼가 굵고 쉰 목소리로 껄끄럽게 울었다. 장정들이 부르는 노랫소리에 섞여 희한하게 조화로웠다.

"허허허, 듣기만 해도 절로 배가 부르구나."

여막에 찾아온 뒤로 몇 년 만에 듣는 임금의 웃음소리였다. 나들이를 앞둔 아이마냥 임금의 얼굴은 들떠 있었다. 상중에도 화성 축성에 온 기운을 쏟을 수 있었던 건 바로 임금의 저 웃음소리를 듣기 위해서였을 것이다.

지난 3여 년의 시간이 아주 오래된 기억처럼 지나갔다. 주문모** 신부의 입국과 관련하여 노론 대신들은 다시 약전을 걸고 넘어졌다. 그러나 저들의 최종 목적지는 약전이 아니라 약용이었다. 오래도록 성균관 전적으로 있던 약전과 달리 약용은 홍문관, 사간원을 거쳐 우부승지, 동부승지가 되어 정조의 절대적인 신임을 얻으며 승승장구하고 있었다. 노론 대신들의 끈질긴 공격 끝에 약용은 결국 충청도 금정 찰방으로 좌천되었다.

---

* 경기도 수원시 장안구 송죽동에 있는 저수지.

** 중국 청나라의 신부. 베이징 주교 구베아의 명령을 받고 서울로 들어와 선교하다가, 신유사옥 때 의금부에 자수하여 사형당함.

약전은 아우의 앞길을 막는 것 같아 몇 번이고 관직을 내려놓으려 했다. 그럴 때마다 정조가 간곡하게 말렸다. 그런 시간을 보내고, 마침내 화성이 완공된 것이다. 약전은 오늘처럼 허허롭지 않은 임금의 웃음소리를 오래도록 담아 두고 싶었다.

정조 역시 같은 마음이었다. 노론 대신들이 핏발을 세우고 공격해 올 때마다 기꺼이 방패가 될 뿐만 아니라 한술 더 뜨기도 했다. 노론 대신들의 반발을 무시하고 약전을 병조 좌랑에 임명했다. 약용은 규영부 교서가 되었다가 곧 병조 참지에 제수되고, 다시 우부승지에 올랐다. 그리고 다음 날 좌부승지에 올랐다가 부호군으로 옮겨졌다. 다음 해는 곡산 부사로 임명되어 내려갔다.

약용은 어디 한 군데 마음 편한 곳이 없었다. 톡잡한 마음을 달랠 방법은 공부밖에 없었다. 암행어사가 되어 지방을 관찰할 때도 그랬지만 시간이 지나도 전염병으로 목숨을 잃는 이들이 줄지 않았다. 약용은 서양의 의학책을 참고해 가며 『마과회통』 12권을 완성했다. 자신도 홍역으로 고생했을 뿐만 아니라 어린 자식 여럿을 잃은 탓에 더더욱 심혈을 기울였다. 이렇듯 약용이 임금과 노론 대신들 사이에서 한양과 지방을 오가며 책을 쓰는 동안, 약전은 임금의 명을 받아 『영남인물고』를 편찬했다. 어떻게든 형제를 곁에 두기 위해 애쓰는 임금의 마음을 알기에 약전은 온갖 눈총을 받으면서도 꿋꿋하게 자리를 지켰다.

약전은 설핏설핏 선잠이 들었다 깨길 반복했다. 반쯤 감긴 눈가로 졸음이 쏟아졌다. 책을 펼쳐 놓고 조는 경우가 좀처럼 없는데, 웬일인지

자꾸 마음이 겉돌았다. 약용이 급하게 영위사의 직책을 받고 황주로 간 지 50여 일이 되었다. 정조는 약용이 돌아오는 대로 형조 판서의 일을 맡기겠노라 했다. 끊이지 않고 올라오는 상소에 오히려 더 강하게 맞선 것이었다. 약용이 올린 사직 상소를 정조는 아예 보려고 하지도 않았다.

약전은 책을 덮고 규장각 밖으로 나왔다. 자정을 넘긴 대궐은 적막하리만치 고요했다. 간간히 바람에 떨리는 문풍지 소리만 들렸다.

약전은 불 꺼진 대비전을 건너다보았다. 정조가 보위에 오르고, 한동안 조용하던 대비전이 북적였다. 노론 벽파들이 대비를 중심으로 다시 힘을 모으고 있었다. 열다섯 살에 선왕인 영조의 계비로 궁에 들어와 지금까지 어른 노릇을 해 왔었다. 며느리 혜경궁 홍씨보다 열 살이나 어렸지만 등등한 기세는 누구에게도 꺾이지 않았다. 사도 세자의 죽음에 깊이 관여하고 있었기에, 대비는 정조가 보위에 오르는 것을 누구보다 못마땅해했다.

며칠 전 약전은 부용지 앞에서 마주쳤던 대비의 서슬 퍼런 눈빛이 쉬이 가시질 않았다. 오래전 성균관에서 형제의 이름을 묻던 때와는 또 달랐다.

"아우 단속을 잘하라고 지난번에 그렇게 일렀건만, 주상의 관심이 지극하여 대비 말은 말 같지 않은가 보오."

고개를 들었지만 약전은 눈을 둘 데가 없었다. 자신의 큰 덩치를 숨길 수 있다면 쥐구멍이라도 찾아 들어가고 싶었다. 대비전 상궁 뒤로 길게 늘어진 나인들 행렬이 보였다. 순간 어지럼증이 일었다. 약전은 천천히 고개를 돌려 목소리를 낮추었다.

"대비 마마 말씀 깊이 새기겠습니다."

약전의 대답에 만족한 듯 치켜떴던 대비의 눈이 스르르 풀렸다. 임금 앞에서도 핏대를 세우며 소리를 지르던 대비였다. 혜경궁 홍씨에게 문안을 드리지 않는다는 이유로 임금은 대비의 친정 오라버니를 흑산도로 귀양 보냈었다. 대비는 그 일을 두고두고 들추어 조정을 시끄럽게 하곤 했다.

약전은 날이 밝자마자 임금을 뵈었다. 언제 어디서 화살이 날아올지 모를 일이었다. 결국 저들의 과녁은 약전이 아니었다. 화살은 약용을 지나 임금을 향해 있었다. 더는 미룰 수 없었다.

"전하, 이제 그만 규장각에서 물러날까 합니다."

정조는 입술을 굳게 다문 채 말이 없었다.

"한 일도, 할 일도 많지 않은 저야 이렇게 물러나지만, 아우가 걱정입니다. 나아가 전하의 뜻을 펼치지 못할까 걱정이옵니다."

약용을 생각하는 마음은 곧 임금을 위한 것이었다. 약전의 깊은 마음을 알기에, 정조는 잔뜩 힘주고 있던 어깨를 맥없이 떨어뜨렸다. 애써 미소를 머금은 입술이 파르르 떨렸다.

"가끔 막걸리는 마시러 와 주게."

약전은 목울대가 뜨거워지고 있음을 느꼈다. 하지만 임금을 따라 입가에 미소를 지어 보였다. 두 사람은 그렇게 말없이 서로를 바라보았다.

"물러갑니다."

어수문을 걸어 나오는데 고였던 눈물이 왈칵 쏟아졌다. 간절한 한마디가 저도 모르게 입 밖으로 새어 나왔다.

"전하, 부디 강령하십시오."

주책없이 내리는 눈물이 마를 때까지 약전은 흙바닥에 한참을 엎드려 있었다.

옛 뜻
정약용

한강수 흘러 흘러 쉬지 않고
삼각산 높아 높아 끝이 없도다
산천은 변해 바뀔지라도
당파 짓는 나쁜 버릇 깨부술 날이 없구려
한 사람이 모함을 하면
뭇 입들이 차례로 전파하여
간사한 사람들이 세력을 잡았으니
정직한 사람 어느 곳에 둥지를 틀랴
외로운 난세는 깃털이 약해
가시 찔림 감당할 수 없기에
구차하게 돛단배 얻어 타고서
멀리멀리 서울을 떠나노라.

마재의 강은
변함이 없고

약전이 임금에게 사직을 고한 다음 날이었다. 예견이라도 한 듯 대사간에서 다시 서학을 문제 삼았다. 서학에 관여한 벼슬아치들의 명단을 작성해 상소를 올렸는데, 약전의 이름이 포함되어 있었다.

"또, 또다시 형님을……."

약용은 잠을 이루지 못했다. 가슴이 답답하여 밤새 열어 놓은 방문을 닫지 않았다. 바람을 타고 흔들리는 나무처럼 마음이 오락가락했다. 먹을 갈아 붓을 들어 보았지만 붓조차 갈 곳을 잃은 듯했다.

담 너머로 어슴푸레 동이 터 오고 있었다. 약용은 서둘러 약전을 찾았다. 형님 앞이었지만 좀처럼 분을 삭일 수 없었다. 얼굴에 노기가 등등한 채 저들의 행태를 낱낱이 짚었다.

"아무 때나, 아무 죄나 뒤집어씌웠다가 아니면 그만이라며 나자빠지

니 참으로 고약하지 않습니까? 이렇게 당하고만 계실 겁니까?"

약전은 태연했다. 아우와 눈을 맞추며 고개만 주억거렸다. 그리고 약용의 미간에 잡힌 주름이 풀리길 기다렸다가 느릿느릿 사직 얘기를 꺼냈다.

"어떤 일이든 시작이 있으면 끝이 있겠지. 전하께 하직 인사까지 올리고 나왔네. 이제 관직에서 물러났는데, 무얼 더 할까? 흠, 그래도 나를 끌어들이려나?"

약용이 목소리를 높였다.

"아, 형님! 기어이…… 형님이 무슨 죄가 있다고 이렇게 관직을 떠나야 하는지요? 저들이 이토록 끈질기게 형님을 물고 늘어지는 이유가 저 때문이라면, 저도 그만 물러날까 합니다."

"형조 참의에 오른 지 이제 두 달인데, 전하께서 너만은 어떻게든 곁에 두려 작정하고 계실 터인데……."

약전은 말을 잇지 못한 채 희끗희끗한 머리칼을 쓸어 넘겼다. 불끈불끈 성을 내는 약용의 얼굴을 지그시 바라볼 때였다.

"아, 형님."

약용의 목에서 울음이 툭 터져 나왔다. 여태 입 밖으로 내지 않았을 뿐 약전이 어떤 마음으로 조정에 남아 있었는지, 떠나는 마음은 어떨지, 임금을 생각하는 마음이 얼마나 큰지 너무나 잘 알고 있었다. 울음이 쉬이 그치지 않았다. 가만히 지켜보던 약전이 아우의 어깨를 감쌌다.

"너마저 전하 곁을 떠나면, 상심이 크실 듯하구나. 어쩌겠냐? 나의 병적인 궁금증이 너와 약종이를 여기까지 몰고 온 것 같아 마음이 편치

않구나. 저들에게 이토록 트집 잡힐 줄 알았다면, 그저 나 혼자 공부나 하고 말 것을…… 그저 혼자 알고 말 것을…….”

후회 섞인 형의 목소리가 아우의 마음을 짓눌렀다.

“물러나더라도, 너두 서두르지는 말거라.”

“눈이 멀면 귀가 대신하여 세상을 보겠지요.”

마땅한 대답을 찾지 못해 약전은 멀끔히 바깥만 내다보았다.

아직 이른 아침이었다. 막 꽃을 피우기 시작한 과꽃에 이슬이 오종종 맺혀 있었다. 정적을 깨고 암탉이 목청껏 울었다. 약전은 닭 울음소리에 번뜩 정신을 차렸다. 그리고는 휘적휘적 닭장으로 가서 방금 낳은 달걀을 들고 왔다.

“눈이 퀭하구나.”

약용은 두 손으로 따끈한 달걀을 받아 들었다. 말로는 나눌 수 없는 형제의 마음이 깊은 강이 되어 흘렀다.

며칠 뒤 약전은 식구들을 데리고 마재로 가는 나룻배에 올랐다. 가장 좋아한 건 아들 학초였다. 학초는 연신 코를 벌름거리며 아버지, 아버지를 불러 댔다.

“아버지, 바람에서 물고기 냄새가 나요! 아버지, 이 강은 어디까지 흘러요? 아버지, 강도 끝이 있어요?”

학초의 조잘거림이 새 소리보다 영롱했다.

“하하하, 녀석! 그렇게 좋으냐?”

약전은 부인의 손을 잡고 소리 내어 웃었다. 오랜만에 느끼는 살가움이었다. 지난 10여 년의 일들이 주마등처럼 스쳐 지나갔다. 돌아보면 모든 것이 후회스러웠다.

나루에 도착하자 약현 형님이 기다리고 있었다.

"잘 왔네. 어서 오게."

약현은 아무것도 묻지 않고 급히 꾸민 방으로 안내했다. 늘 그랬듯 아버지처럼 품어 주었다.

"예, 형님. 이제야 돌아왔습니다."

약전은 서실을 지어 이름을 매심재(梅心齋)*라 하였다. 약용이 현판에 글을 써 주었다. 약전은 댓돌에 내려서서 현판을 올려다보았다. 꾹꾹 눌러쓴 붓 끝에 아우의 마음이 그대로 남아 있는 듯했다. 코끝이 매웠다. 그렁거리는 눈물을 목 안으로 밀어 넣었다. 오랜 나날 집을 지키느라 만질만질해진 밑돌이 눈에 들어왔다. 빗물과 햇볕에 닳고 바랬지만 여전히 단단했다. 비릿하면서도 달큼한 강바람이 불어왔다. 약전의 마음은 이미 강 위에 있었다.

"이제 매일 강에 나가 고기를 잡을 수 있겠구나."

서실을 만들어 놓고서도 임금이 부르면 약전은 열일 제쳐 두고 한양으로 올라가곤 했다. 그렇게 벼슬 없이 지낸 지 한 해가 다 되었다.

이번엔 마음을 굳게 먹었다. 그럼에도 좀처럼 걱정이 가시지 않았다. 혹여 병이 나시지 않을까, 공연한 일로 마음 다치지 않을까. 한번 생각

---

* 뉘우칠 일로 가득한 자신의 내면을 끊임없이 들여다보며 겸손하고 가난하게 살겠다는 뜻.

이 꼬리를 물면 좀처럼 멈추질 않았다. 약전은 매일 강으로 나갔다. 시시때때로 불어오는 바람에 몸을 맡기고 바람이 이끄는 대로 노를 저었다. 어릴 적부터 유독 물고기에 관심이 많았던 터라, 약전은 이참에 본격적으로 파고들어야지 마음먹었다. 막내 약황이 돕겠다고 따라나섰다.

"제가 공부는 형님들 발뒤꿈치밖에 못 가지만, 자료 정리라면 형님들보다 더 잘할 수 있어요."

약황은 새어머니의 성품을 닮아 다정다감했다. 어머니도 다르고 나이 차가 많이 나는 형님들이라 어려울 법도 한데 살갑게 따랐다. 약전이 한양으로 갈 때는 조막만 한 손으로 벼루를 선물로 주던 아우였다.

"하하, 물고기 탐사 팀이 제대로 꾸려지겠는데요."

노론들 등살에 잠시 내려와 있던 약용도 덩달아 신나 했다. 약전은 거뭇거뭇 수염까지 자란 막내와 희끗희끗 머리카락이 세고 있는 아우를 보며 웃었다. 이대로 어부가 되어도 세상 부러울 것이 없을 것 같았다.

마재의 강은 변함이 없었다. 약전은 넘실대면 넘실대는 대로, 고요하면 고요한 대로 마음을 강물에 던져두었다. 낮은 산이 둥글게 싸안은 강은 말없이 흘렀다. 가지런히 늘어선 버드나무가 수더분하게 강을 바라보았다.

6월 중순을 넘어서자 정수리에 닿는 볕이 따가웠다.

"형님, 오늘은 협곡 쪽으로 나가신다고요?"

약용과 약황이 낚시 도구를 챙기며 물었다.

"물살이 센 곳에서 자라는 수초를 좀 살펴볼 생각이야."

주섬주섬 짐을 꾸리다 말고 약전은 손을 멈추었다. 대문 앞에 큰형 약현이 서 있었다.

"형님께서 더쩐 일이십니까?"

넋이 나간 얼굴로 형제를 바라보던 약현이 더듬거리며 입을 열었다.

"이보게들, 전하께서, 전하께서 승하…… 하셨다네."

"예? 저, 전하께서, 어쩌다, 어쩌다……."

말을 잇지 못하고 약용은 자리에 털썩 주저앉았다. 입궐을 며칠 앞두고 있었다. 불과 보름 전에 임금의 서신을 전하러 규장각 아전이 다녀갔다.

> 오래도록 너를 보지 못했구나. 너를 불러 책을 편찬하고 싶어 주자소의 벽을 새로 발랐다. 그믐께쯤이면 궐에 들어와 경연에 나오너라.

임금의 들뜬 목소리가 쪽잠 결에 들은 바람소리인 양 텅 빈 듯했다.

"하아……."

약전은 놀란 마음을 진정시키려 했지만 소용없었다. 입술 사이로 뜨거운 입김이 새어 나왔다. 얼굴이 달아올랐다. 등에 난 종기가 좀체 수그러들지 않는다며 직접 약을 바르던 임금이었다. 조금 나아지는가 싶으면 덧나고 곪기를 반복했다. 그리고 보름 만에 죽음을 맞이하였다.

맥없이 땅바닥에 앉아 있는 약용을 두고 약전은 강으로 나왔다. 발을 옮길 때마다 걸음걸음이 휘청거렸다. 목이 멘 듯 답답한데 아무것도 토해 낼 수 없었다. 강둑에 철퍼덕 앉은 채 강물만 바라보았다. 해가 떨어지고 칠흑 같은 어둠이 내렸다. 약전은 꺽꺽 소리를 내며 울음을 토했다.
"전, 하, 전하, 편히 가십시오. 전, 하……."
목을 놓아 통곡했다. 손아귀 가득 그러쥔 모래알이 가시처럼 손톱 밑에 박혔다.

빈소를 열고 발인하는 날 슬픔을 적다
정약용

운기, 우개 펄럭펄럭 세상 먼지 터는 걸까
홍화문 앞에다 조장을 차리었네
열두 전거에다 채워 둔 우상 말이
일시에 머리 들어 서쪽을 향하고 있네
영구 수레가 밤 되어 노량 사장 도착하니
일천 개 등촉들이 강사 장막 에워싸네
단청한 배 붉은 난간은 어제와 똑같은데
님의 넋은 어느새 우화관으로 가셨을까
천 줄기 흐르는 눈물 의상(衣裳)에 가득하고
바람 속 은하수도 슬픔에 잠겼어라
성궐은 옛 모습 그대로 있건마는 서향각 배알을
각지기가 못하게 하네.

어두운
그림자

정조가 세상을 떠나자 대비는 곧장 열한 살의 왕자를 세자에 책봉하고 수렴청정을 시작하였다. 가장 먼저 한 일은 조정의 주요 자리를 노론 벽파들로 바꾸는 것이었다.

"조정에는 아예 얼씬도 않는 게 좋을 듯하네."

형제에게 신신당부하는 약현의 얼굴이 어두웠다. 사위 황사영이 약종과 함께 천주교에 깊숙이 관련되어 있었다. 사위를 따라 나선 딸과 어린 손주는 연락이 끊어진 지 오래였다.

"예, 형님."

약전은 약현의 손을 잡으며 짧게 대답했다. 약용이 당호를 '여유당'으로 내걸고 경전 읽는 것에 몰두하는 동안 약전은 매일 강에 나가 살다시피 했다. 바람이 유난히 차가운 겨울이 깊어 가고 있었다.

신유년 새해가 밝자마자 대비는 천주교에 관여한 자들을 엄중히 처벌하라는 명을 내렸다.

"사학을 하는 무리가 있으면, 모조리 죽여 없애라!"

사학을 핑계로 조정에서 남인의 씨를 말리려는 계획이었다. 정조의 즉위를 반대했다는 이유로 유배지에서 죽은 오라비의 원한을 남인들에게 고스란히 갚아 주려는 것이었다.

사학 금지령은 금세 전국으로 확산되었다. 작은 모임의 우두머리라도 잡아들이면 포상이 두둑했다. 관리들은 한 건이라도 더 올리려고 혈안이었다. 산골 마을까지 헤집고 다녀 전국이 벌집 쑤셔 놓은 듯 어수선했다. 민심도 흉흉했다.

"어제도 흉측한 꿈을 꾸었어."

매심재 방문을 열고 들어서는 약현의 얼굴이 꺼칠했다. 며칠째 꿈자리가 어지럽다며 날이 새기도 전에 약전을 찾아왔다. 잠을 설치기는 약전과 약용도 마찬가지였다. 엊그제 이가환과 이승훈이 체포됐다는 소식을 들었다. 형제는 벌써 여러 날 매심재에서 밤을 새웠다. 애써 모은 물고기 자료들을 이리저리 펼쳐 놓고선 시간을 보냈다.

"별일이야 있으려고요."

약전이 아랫목을 막 내어 주며 일어설 때였다. 바깥이 소란스럽더니 벼락 같은 소리가 들렸다.

"정약전 형제는 당장 나와 어명을 받들라!"

금부도사˙의 호령 소리가 방문을 뚫고 날아왔다.

"무슨 일이냐?"

약전이 방문을 거세게 열어젖혔다. 순간, 기다렸다는 듯 금리들이 매심재 안으로 뛰어들었다. 대사간에서 주문모 신부 사건을 다시 조사하라며 올린 상소에 약전의 이름이 들어 있었다.

"샅샅이 뒤져라! 사학에 관련된 건 먼지 한 톨도 빠뜨리지 말고 압수해야 한다!"

금리들은 서재 가득한 책장과 책상을 마구 엎었다. 책이 방바닥으로 와르르 쏟아졌다. 책상 위해 접혀 있던 종이가 온 방에 흩어졌다. 소식을 듣고 식구들이 죄다 달려왔다.

"형님!"

약황이 방바닥에 흩어진 종이를 보고 식식대며 뛰어 들어왔다.

"이, 이게 무슨 짓이냐!"

악을 쓰며 종이를 모으자, 금부도사가 눈을 번뜩이며 종이를 빼앗았다. 종이를 훑어 내려가는 눈꼬리가 올라가는가 싶더니 북북 찢어 내동댕이쳤다. 그리고는 약황의 옆구리를 냅다 걷어찼다.

"아악, 윽!"

약황이 비명을 지르며 나뒹굴었다. 금리 서너 명이 쫓아가 다시 발길질을 했다.

---

* 조선 시대 의금부 소속 관리로 임금의 특명에 따라 중한 죄인을 신문(訊問)하는 일을 맡아보던 종오품 벼슬.

"이놈들이!"

약전이 몸을 떨며 금리를 잡아챘다. 멈칫하며 물러서는 금리를 향해 금부도사가 소리쳤다. 이런 일이 아니라면 저들은 감히 눈조차 마주치지 못할 형제였다.

"뭣들 하느냐! 당장 포박해서 관아로 압송하라!"

십여 명의 금리들이 달려들어 밧줄로 형제의 몸을 묶었다. 약현의 얼굴은 벌써 눈물범벅이었다.

"부디, 몸 상하지 않게······."

"너무 걱정 마십시오."

주고받을 말이 더 없었다. 바람이 살을 에는 듯했다. 움직일 때마다 밧줄이 맨살을 파고들었다. 약전은 부인 치맛자락에 얼굴을 묻고 서 있는 아들을 보았다. 잠결에 뛰쳐나온 듯 하얗게 질린 얼굴이 아직 벙벙해 보였다.

어김없이 말간 해가 떠올랐다. 꼬리를 물고 늘어선 겨울 그림자가 의금부로 향하는 형제의 뒤를 따랐다.

국청*이 시작되었다. 약종의 머슴이 황사영의 집으로 짐을 옮기다 붙잡혔다. 짐이란 것이 전부 천주교 물품이었다. 황사영과 약종의 행방을 뒤쫓고 있던 참에 제대로 걸려들었다. 대비가 수렴청정을 시작하면서 영의정에 오른 심환지가 직접 국문에 나섰다.

---

* 조선 시대에 역적 등의 중죄인을 신문하기 위하여 설치하던 임시 관아 또는 특별 재판.

"정약종은 어디 있느냐?"

"아우가 어디 있는지, 찾거든 내게도 꼭 알려 주시오."

약전의 말에 심환지의 얼굴이 심하게 일그러졌다.

"저런 괘씸한 자가 있나! 뭣들 하느냐? 신장* 서른 대를 쳐라!"

명이 떨어지기 무섭게 가시나무 줄기가 등에 내리꽂혔다. 내장까지 파고드는 고통에 숨이 멎는 것 같았다. 약전은 자신도 모르게 입술을 깨물었다. 입안에 피가 고였다. 피비린내가 온몸에 퍼지는 듯했다. 약전은 고인 피를 삼키며 참고 또 참았다.

약용에게도 신장 서른 대가 내려졌다.

"한 대요! 두 대요!"

약용은 맨 정신으로 견뎌 내지 못했다. 기절했다 깨어났다를 반복했다. 금부나장이 탈진해서 축 늘어진 약용을 질질 끌어 감옥 안에 내동댕이쳤다. 온몸은 피투성이였다. 살점이 떨어진 자리에 옷이 달라붙었다. 신음조차 나오지 않았다. 소리는 입 밖으로 나오지 못하고 목구멍 안에서 꺽꺽댔다.

국청은 오래가지 않았다. 며칠 지나지 않아 약종이 제 발로 관아를 찾았다. 약종은 형제를 부라려 보며 또박또박 말했다.

"약전 형님과 약용은 천주교를 믿지 않아 의결했소. 나와는 이제 아무 상관이 없소!"

---

* 자백을 받아내기 위해 치는 매.

심환지는 어떻게든 약전과 약용을 엮어 대비의 눈에 들려고 했지만 뜻대로 되지 않았다. 심환지는 성에 차지 않았지만 형제의 유배를 결정하였다. 목소리에 심통이 그대로 배어 나왔다.

"정약전은 신지도*로, 정약용은 장기현**으로 귀양을 보내라."

감옥 문이 열렸다. 새벽 댓바람부터 느닷없이 끌려온 지 보름이 넘는 날이었다. 약전은 나장들을 따라 의금부를 나섰다. 걸을 때마다 자꾸 몸이 비틀거렸다. 칼바람에 얇은 옷이 버석대며 살을 스쳤다. 꼭 다문 입 안에서 이가 달달 부딪혔다. 안간힘을 써도 포승줄에 묶인 몸은 움츠러들지 않았다.

뒤따라 나서는 다른 나장들 무리 속에 약용의 모습이 보였다. 아우의 얼굴을 보는 것도 열아흐레 만이었다. 반가운 마음에 몸을 재빠르게 움직여 보았지만 다리가 말을 듣지 않았다. 아우의 모습이 점점 또렷해졌다. 약용은 만신창이의 몸으로 연신 두리번거리며 약전을 찾고 있었다. 다가서려다 말고 약전은 얼굴을 돌렸다. 입을 막은 손가락 사이로 울음이 터져 나왔다. 바짝 붙어 있던 나장이 눈치를 보며 뒤로 물러섰다.

약전이 눈물을 닦는 사이 약용이 옆에 와 있었다. 퀭한 눈과 얼룩덜룩 핏물 벤 옷을 보자 가슴이 미어지는 것 같았다. 어릴 적부터 몸이 약해 유난히 속을 끓이던 아우였다. 험한 매질을 어찌 견뎌 냈을지, 약전은 차마 눈을 마주치지 못했다.

---

* 전라남도 완도군 신지면에 있는 섬.
** 경상도 포항시에 있는 마을.

"형님, 어디 몸 상한 데는 없는지요?"

제 몸도 겨우 가누면서 약용이 먼저 약전의 몸을 살폈다. 약전은 입술을 지그시 깨문 채 고개를 끄덕였다. 그제야 약용은 가시 걸린 목소리로 소식을 전했다.

"종 형님이······ 어제 매형과 함께 참수당하셨어요. 형님과 제가 잡혀 온 걸 알고 곧바로 자수를 하셨대요. 그리고 참수당하는 순간까지 형님과 제가 천주교와 무관함을 주장하셨답니다."

모든 걸 짐작하고도 남았다.

"제 목숨을 내놓고, 우릴 살렸구나."

한숨이 찢어진 심장을 훑었다. 약전은 등을 돌린 채 숨을 들이켰다. 언제나 한결같던 사람, 든든한 징검돌이었던 사람, 입가에 팬 보조개가 사랑스러웠던 사람, 조금만 골려도 순진한 얼굴이 금방 빨개지던 사람. 약종의 말간 으음소리가 들리는 듯했다.

"철상이가 제 아버지 옥바라지를 하려고 의금부 근처에 있다가 체포되었다고 합니다."

철상은 약종의 맏아들이었다. 누이 또한 매형과 함께 잡혀 옥고를 치르고 있었다. 약현의 사위 황사영은 수배 중이었다. 집안에 드리운 죽음의 기운이 점점 짙어 가고 있었다. 눈이라도 한바탕 쏟아 낼 듯 먹구름이 몰려왔다.

"이제 그만 가시지요."

나장들이 형제의 팔을 잡았다. 나란히 귀양길에 오른 형제는 산모퉁

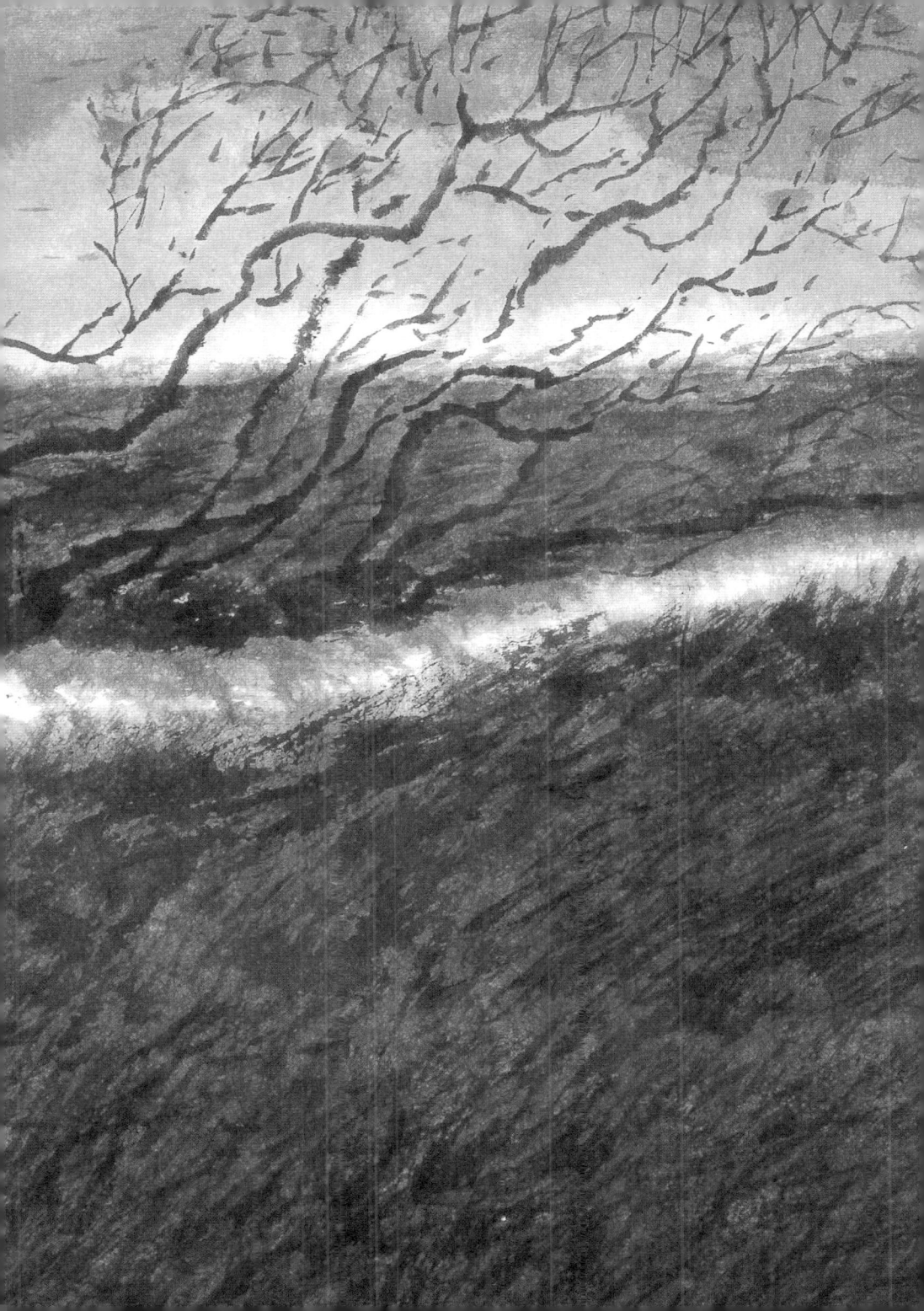

이 마을에서 갈라섰다.

석우별

정약용

쓸쓸하고 처량한 석우촌
가야 할 앞길 세 갈래로 갈렸네
서로 장난치며 울어 대는 두 마리 말
갈 곳 몰라 그러는 듯싶어라
한 마리는 남쪽으로 가야 할 말
한 마리는 동쪽으로 달릴 말이라오
숙부님들 머리 수염 허옇게 세고
큰 형님 두 뺨엔 눈물이 그렁그렁
젊은이들이야 다시 서로 만나겠으나
노인들 일이야 누가 알 수 있겠나
잠깐만 조금만 더 머뭇거리다
해가 이미 서산에 기울려 하네
가자꾸나, 다시는 돌아보지 말고
마지못해 다시 만날 기약을 남기면서.

율정의
이별

 걷고 또 걸어 약전은 신지도에, 약용은 장기현에 도착했다. 나라 곳곳이 천주교도들의 시체로 뒤덮여 있었다. 청나라 신부 주문모가 참수당해 닷새 동안 길거리이 내걸렸고, 이가환이 곤장을 맞다가 죽었다. 그리고 조카 철상이 처형됐다. 적적하고 막막한 유배지로 간간이 전해지는 소식은 형제를 더욱 힘들게 했다. 잠을 이루지 못하는 나날이 이어졌다. 약용은 하염없이 밤하늘만 바라보았고, 약전은 속절없이 출렁이는 바다를 바라보았다. 넋을 놓고 있다가 바람에 나뭇잎만 흔들려도 소스라치게 놀라곤 했다.
 발붙이고 있는 곳이 아무리 지옥 같아도 봄이 오고, 여름이 왔다. 또 어느새 가을이 가고 있었다. 약용은 공부를 하고 글을 써야만 마음이 고요해졌다. 약전이 있는 신지도 섬은 아득히 멀기만 했다. 약전의 얼굴만 떠올려도 울대가 뜨거워졌다. 몹시 그리웠다. 그리움이 깊은 만큼 약용은 더 깊이 책에 빠져들었다.

약전의 섬 생활도 녹록치 않았다. 섬사람들의 마음엔 여유가 없었다. 하루하루 거센 파도와 싸워서 이겨야만 내일이 있었다. 처음엔 모두 약전에게 무심했다. 누구 하나 눈길 주는 이가 없었다. 그저 한양에서 높은 벼슬을 한 양반이 귀양을 왔나 보다 했다.

약전은 스스로 먹을 것을 찾아 하루하루 견뎠다. 하지만 원체 사람 사귀는 일에 스스럼이 없는지라 약전은 금세 어부들과 어울려 칡 속껍질로 노끈을 꼬고, 틈틈이 고깃배에 오르기도 했다. 한 잔 두 잔 나눠 마신 술이 얼큰하게 취할 때쯤이면, 약전은 아우가 보고 싶어 저도 모르게 눈물을 흘렸다. 절에서 밤새 공부를 하고 내려오던 길에 함께 들이키던 막걸리가 온몸에 퍼지는 듯했다.

약전과 약용이 조금씩 유배지에 적응할 무렵이었다.

"정약전과 정약용을 데려오라!"

다시 어명이 내려졌고, 귀양을 온 지 열 달 만에 한양으로 압송되었다. 숨어 지내던 약현의 사위 황사영이 잡힌 것이었다. 중국의 주교에게 보내는 편지도 발각되었다. 흰 명주 천에 그동안 조선에서 벌어진 천주교 박해를 소상하게 적고 도움을 요청하는 글이었다. 대비와 심환지는 황사영의 배후에 약전과 약용이 있다며 형제를 한양으로 불러올렸다.

다시 국청이 시작되었다. 심환지는 황사영이 쓴 백서를 흔들며 다그쳤다. 말이 험악했다.

"네놈의 조카사위 황사영이 쓴 백서다! 무슨 의도로 이따위 글을 썼는지 네놈은 알고 있으렷다!"

본 적도 들은 적도 없는 문서였다. 조정에서 남인의 씨를 말리겠다는 속셈으로 억지를 부른다는 걸 모를 리 없었다. 솟구치는 분노에 약전은 온몸이 부들부들 떨렸다. 피와 살이 엉켜 짓이겨진 허벅지를 꽉 누르며 입을 열었다.

"모릅니다! 지난 국청에서 다 밝혀지지 않았습니까? 우리 형제는 저 먼 골짜기, 지옥 같은 섬에 유배된 지 벌써 열 달째입니다. 유배지 바깥으로 한 발짝도 벗어날 수 없는 처지이거늘, 우리 형제가 백서를 쓰게 한 배후라뇨? 어찌 그런 일이 가능하겠습니까?"

심환지가 눈을 부라리며 위관들을 둘러보았다. 빙 둘러 서 있던 위관들은 딴청을 부리며 심환지의 눈을 피했다. 황사영에게는 능지처참을 선고했고, 어머니와 부인은 노비가 되어 섬으로 보내졌다. 두 살 난 아들은 어미와 떨어진 섬으로 귀양을 보냈다. 친척과 집안의 하인들은 닥치는 대로 사형에 처하고 살아남은 자는 유배를 보냈다. 그것도 모자라 황사영이 여섯 토막으로 처형되자 마자 집을 허물고 그 자리에 웅덩이를 파 물이 고이도록 했다.

심환지는 약전 형제도 당장 참수형에 처하겠다며 으르렁거렸다. 대비 김씨가 참수형을 말렸다.

"정약전은 흑산도로, 정약용은 강진으로 귀양 보내도록 하라! 살아남아서 제 핏줄이 죽는 걸 보도록 하라. 죽음보다 더한 고통을 맛볼 것이

야."

흑산도. 누구라도 한번 귀양을 가면 다시는 돌아오지 못하는 곳이었다. 차마 입에 담기도 두려운 검은 섬이었다. 남인에 대한 대비 김씨의 앙갚음이었다.

'흑산도, 흑산도라……'

약전은 되뇌어 보았다. 입안에서 모래알이 까끌까끌 돌아다니는 것 같았다. 모래알은 목젖을 타고 더 깊은 곳으로 스르르 내려왔다.

초겨울로 접어들기 시작한 11월이었다. 형제는 다시 귀양길에 올랐다. 과천을 지나 수원 어디쯤 주막에 이르렀을 때였다.

"아버지! 아버지!"

애타게 약전을 부르며 학초가 뒤쫓아 왔다. 얼마나 뛰어왔는지 바람이 찬데도 얼굴은 온통 땀범벅이었다.

"네가 여기까지 어떻게 왔느냐? 여기가 어디라고?"

학초는 대답 없이 피투성이인 아버지의 품으로 파고들었다. 제 딴에는 의젓해 보이려고 눈물을 보이지 않았다. 눈을 꼭 감고 숨을 할딱이더니 꼭 쥐고 있던 손을 펼쳤다. 조막만 한 손에 푸른 구슬이 들어 있었다. 집안에 내려오는 구렁이 눈동자로 만든 '사안주'였다. 구슬이 있으면 뱀이 얼씬거리지 않을 뿐 아니라 뱀을 만났을 때 구슬을 비추면 그대로 죽어 마른나무처럼 변한다고 전해 왔다.

"아버지, 흑산도에는 뱀이 많대요."

구슬을 받아 주머니에 넣고 돌아서는데 발등 위로 후두두 눈물이 떨어졌다. 마재로 돌아오는 배 위에서 새처럼 지저귀던 학초의 해맑은 얼굴이 떠올랐다. 쌕쌕거리며 내쉬는 숨소리조차 예쁜 아들이었다. 언제 다시 품에 안아 볼 수 있을지 기약 없는 이별이었다.

"아버지, 부디 몸 건강히 지내십시오."

차마 돌아서지 못하고 서서 눈물을 떨구는 아들의 이름을 몇 백 번이고 되뇌었다.

'학초야, 내 아들 학초야……'

어린 아들의 울음 섞인 인사를 가슴에 담은 채 걷고 또 걸었다. 눈발이 날리기 시작했다. 뒤따라오는 약용을 살피고 싶지만 눈이 마주치면 그 자리에 주저앉을 것 같았다. 그렇게 주저앉으면 다시는 일어서지 못할 게 뻔했다. 뒤돌아보지 않아도 거기 있겠거니 하는 마음으로 걸음을 옮겼다.

한양을 떠난 지 스무 날 즈음, 밤이 이슥해서야 율정리 주막에 이르렀다. 날이 밝으면 약용은 강진으로, 약전은 흑산도로 가야 했다.

"언제 다시 볼 수 있을까요? 형님, 다시 뵈올 때까지 몸 성히 계셔야 합니다. 유배가 풀리면 제가 모시러 가겠습니다."

약용은 여태 잘 참던 눈물을 기어이 터뜨리고 말았다. 돋짓달 샛별이 유난히 밝은 밤이었다.

율정의 이별

정약용

초가 주막 새벽 등불 푸르스름 꺼지려는데
일어나 샛별 보니 이별할 일 가슴 아파라
두 눈만 말똥말똥 둘이 다 할 말 잃어
애써 목청 다듬으나 눈물이 터지네
흑산도 아득한 곳 바다와 하늘뿐인데
그대는 어찌하여 그 속으로 가시나요
고래 이빨 산과도 같아
배를 삼켰다 다시 뿜어낸다오
지네도 크기가 쥐엄나무 같고
독사가 등나무처럼 엉켜 있다오
내가 장기 고을 있을 때에는
낮이나 밤이나 강진 바라보며
날갯죽지 활짝 펴고 푸른 바다 뛰어넘어
바다 가운데서 저 형님 보려 했는데
지금 나는 높은 나무에 오른 귀양살이니
밝은 진주 없어진 빈 독만 산 것 같구나.

소의 귀를 닮은 섬
우이도

    약용이 영산강을 건너고 월출산을 넘는 동안, 약전은 무안에서 우이도로 들어갈 배를 기다렸다. 무안으로 오는 동안 산을 넘는지 바다를 건너는지 알 수 없을 정도로 정신이 아득했다.

    철썩, 철썩. 포구로 들이치는 물살이 거셌다. 노름을 기다려 배에 올랐다. 배가 심하게 흔들렸다. 배가 출렁일 때마다 므겁게 내려앉은 하늘이 같이 흔들렸다. 검푸른 바다와 뿌연 하늘이 뒤섞여 어디가 바다고, 하늘인지 구분하기 힘들었다.

    "어따, 한바탕 퍼붓겠는디요."

    사공과 나장이 하늘을 보며 주고받았다. 금방이라도 눈이 쏟아질 것 같았다. 사흘을 꼬박 뱃멀미에 시달렸다. 아무것도 먹지 못했는데 창자를 쥐어짜며 끊임없이 토악질이 나왔다. 겨우 쪽잠이 들었다가도 금세 어지럼증에 눈을 떴다. 딸과 사위, 두 살배기 어린 손자, 동생과 그 식솔들을 한꺼번에 잃은 약현 형님을 생각하면 차라리 깨고 싶지 않았다. 오락가락하는 눈발 사이로 거뭇거뭇한 섬이 보였다.

토악질에 익숙해질 즈음 우이도에 도착했다. 소의 귀처럼 생긴 우이도는 소흑산이라 불렸다. 뱃머리가 포구에 닿기 무섭게 나장들은 뭍으로 돌아갈 배부터 알아보았다. 물만 봐도 징글징글하다는 듯 머리를 절레절레 흔들었다. 덕분에 약전은 본섬인 흑산도로 가지 않아도 되었다.

"나리, 돌아가시는 날까지 건강 살피십시오."

먼 길을 오는 동안 정이 들었던지 나장들은 배에 오르기 전 약전에게 큰절을 올렸다.

"고생했네. 조심히 돌아가게."

약전은 나장들의 손을 일일이 잡으며 고마움을 전했다. 검은 바다 위로 불그스름하니 동이 터 오고 있었다.

바깥에서 보기엔 아무것도 살 수 없을 것 같은 섬에도 두런두런 사람 소리가 났다. 때가 되면 낮은 돌담 너머로 연기가 올라왔고, 척박한 돌밭에서도 파릇파릇 새순이 고개를 내밀었다. 긴 겨울 동안 품고 있던 생명을 오롯이 세상에 내어 놓는 자연의 단단함에 약전은 절로 고개를 숙였다.

"나리, 강진에서 온 편지입니다요."

뭍을 오가는 어부들이 형제의 편지를 배달하겠다고 발 벗고 나섰다.

덕분에 깜깜하던 마음에 등불이 하나 켜졌다. 걱정으로 가득한 아우의 편지를 읽으며 약전은 빙긋이 입꼬리를 올렸다. 약용은 섬에서 함부로 먹으면 안 되는 것, 먹을 때 주의해야 하는 것을 꼼꼼하게 적어 보냈다.

"허허허. 그저, 여기 섬사람으로 살면 되는 것을……."

시간이 지날수록 약용의 편지는 새로 쓰기 시작한 책 이야기로 가득했다. 어릴 때처럼 문답 하나하나 짚어 가며 약전의 생각을 물어 왔다. 학문에 온전히 마음을 빼앗길 수 있어 다행이기도 했다. 예서와 조례에 이어 천자문을 대신할 『아학편』*을 완성하더니, 이번엔 주역을 공부하고 있다고 전해 왔다. 뿐만 아니라 약용은 고향에 있는 아이들에게 매일 편지를 쓰다시피 했다. 비록 유배를 와 있는 처지였지만, 아버지로서 가르쳐야 할 교육을 놓치지 않았다.

약용은 두 아들에게 세상을 어떻게 살아야 하는지를 조목조목 일러 주었다. 직접 곁에 두고 가르칠 수 없기에 더욱 엄하고 단호했다. 해가 가고 두 아들이 자랄수록 애가 끓었다. 약용은 친구를 사귀는 법, 책을 읽고 쓰는 법, 밭을 가꾸고 생계를 유지하는 방법 등을 세세히 적었다. 그리고 매번 효를 다하고 검소하게 살라는 말을 덧붙였다.

"음식은 먹으면 썩기 마련이고, 재물은 자손에게 물려준다 해도 결국 없어진다. 한때의 있고 없음에 휘둘리지 말고 소박하게 살아라."

편지로 가르치는 것은 영특한 조카 학초에게도 예외는 아니었다. 학

---

* 정약용이 초학 아동들의 천자문 다음 단계에서 한자 교육을 위해 지은 한문 교육용 책자. 4자 1구의 방식을 취하되 분량은 총 2천여 자로 『천자문』의 두 배임.

초는 약용의 가르침을 누구보다 좋아했다. 소식을 들을 때마다 약전은 그저 고마울 따름이었다.

약전은 갯바위에 앉아 망망한 바다를 보았다. 바다 끝 어디쯤엔가 아우가 있기라도 한 듯 생기 없는 눈으로 먼먼 바다를 하염없이 바라보았다.

머리 꼭대기에 있던 해가 뉘엿뉘엿 산을 넘으려 할 때였다. 마을에서 장정 둘이 약전을 향해 뛰어오며 다급하게 소리쳤다.

"나리! 나리! 도와주서요!"

약전은 서둘러 바위에서 내려왔다.

"무슨 일이신가?"

숨을 헐떡이며 아우가 먼저 입을 열었다.

"아이고, 세상에 아비가 죽었는데 관 하나도 못 짜는 불효자가 여기 있습니다요. 전 재산을 다 털어 관 짤 소나무를 샀는데, 법을 어겼다고 당장 관아로 출두하랍니다요."

형제는 맥을 놓고 털썩 주저앉았다. 궁궐과 배를 만드는 데 쓴다는 이유로 나라 산은 물론 개인 산에 있는 소나무까지 베지 못하게 법으로 정해 놓았다. 게다가 지방 관리들한테 감시를 맡겨 놓아 횡포가 말도 못했다. 지방 관리들은 고발 건수를 올리려고 사건을 만들고 부풀리기 일쑤였다. 소나무 값이 셈을 할 수 없을 만큼 오른 것은 말할 것도 없고, 몰래 거래하는 것을 눈감아 주며 양쪽에서 돈을 받아 챙겼다. 이렇다 보니 부모가 죽어도 관을 짜지 못해 시체를 그대로 파묻었고, 산 주인들은 자기 산에 있는 소나무를 도끼로 찍어 버릴 정도로 치를 떨었다. '소나무 벌채 금지법'은 궁핍한 백성들의 몸에서 피고름을 짜내는 법이었다.

"법을 어겼으니 마땅히 벌은 받겠지만, 이대르 관아로 끌려가면 아버님 장례는 누가 지낸답니까?"

약전은 형제의 손을 잡고 일으켰다.

"상주가 이러면 쓰나, 기운 내시게."

약전은 그길로 곧장 관아로 가서 아전을 만났다. '소나무 벌채 금지법'의 문제점을 이미 알고 있었다. 정조 임금이 살아 계셨다면 법조문을 고치자고 진즉에 아뢰었을 터였다. 글을 읽어 줄 임금은 없었지만 약전은 '송정사의*'를 마무리했다. 먼저 소나무가 자라는 데 더할 나위 없이 좋은 조건임에도 불구하고 나무를 심지 않아 턱없이 부족한 점을 지적하였다. 소나무 베는 것을 금지할 것이 아니라 더 많은 소나무를 심도록 하고, 잘 키운 자에겐 보상을 주고, 화전민이 소나무 태우는 일을 막는다면 이런 일은 일어나지 않을 것이었다.

관아로 들어서는 약전을 보고 아전들은 지레 긴장했다. 천주쟁이로만 알고 함부로 대하다 큰코다친 이가 한둘이 아니었다. 9척 장신의 큰 덩치에 부리부리한 눈으로 덥수룩하게 기른 수염을 만지며 조목조목 짚어 낼 때면 누구라도 끔짝없이 잘못을 인정할 수밖에 없었다.

약전은 형제의 억울한 사정을 건네며 정중히 부탁했다.

---

* 소나무 벌목 금지 정책에 대한 조책 저시를 담은 글.

"제 아비 상은 치르게 해 주시오."

아전들은 약전이 굳이 길게 설명하지 않아도 알아들었다.

"닷새 후면 충분하겠지요?"

"충분하고말고요. 고맙소."

소식은 금세 마을에 퍼졌다. 천주쟁이라 멀리 하던 이들까지도 약전을 우러러보았다. 약전을 '한양 나리'라 부르며 따랐다. 뭐든 궁금한 게 있으면 으레 약전을 찾았다. 약전은 모두에게 격의 없이 대할 뿐 아니라, 조금이라도 어려워하는 표정을 지으면 차근차근 일러 주었다. 아이들에게는 자상한 훈장 할아버지였다. 대신 약전이 물고기에 대해 물어볼 때면 어른 아이 할 것 없이 아는 대로 가르쳐 주는 걸 마다하지 않았다.

"허허, 이놈은 꼭 날렵한 화살촉처럼 생겼구나."

약전은 막 잡아 올린 전어를 요리조리 살폈다. 손바닥에 올려놓고 물고기들을 보자니 문득 고향 마재의 강물 비린내가 코끝에 맴도는 것 같았다.

집으로 돌아오자마자 약전은 그동안 관찰하고 기록해 두었던 자료를 방바닥에 죽 펼쳐 놓았다. 잠시 잠깐이었지만, 형제들과 강에 나가 낚시를 하고 저마다 다른 돌고기들의 생김생김을 보며 웃던 기억이 어제 일처럼 또렷이 그려졌다.

어느새 우이도에서 다섯 번째 봄을 맞았다.

"흑산, 흑산도……."

약전은 바다를 내다보며 몇 번이고 되뇌었다. 물결만 넘실거려도 두

렵던 마음이 이상하리만치 평안했다. 물 위에 내려앉은 햇살이 참 따듯했다.

약전이 흑산도로 들어간다는 소식을 듣고 마을 사람들이 몰려왔다.

"나리, 참말로 가시려고요? 흑산도는 가는 길도 험하지만, 한번 들어가면 나오기 쉽지 않은데요?"

늘 곁에서 챙겨 주던 이들이 하나같이 말리며 막아섰다. 약용도 급하게 편지를 보내 말렸다. 부득부득 약전이 뜻을 굽히지 않자 약용도 더는 말리지 못했다. 약전도 흑산도라는 말을 입에 올리는 것조차 두렵고 무서워 같은 글자라도 음을 달리 하여 '흑산' 대신 '자산'이라 불렀다.

약전은 간단하게 짐을 챙겨 집을 나섰다.

"걱정 말게. 내가 할 일이 있어서 그러네. 그나저나 또 어려운 부탁을 해서 미안하네."

약전은 배를 내어 준 이에게 고맙고 미안한 인사를 건넸다.

"나리, 꼭 다시 오셔야 합니다."

마을 사람들 모두 나와 약전을 배웅했다. 약전은 일일이 눈을 맞추고 손을 잡았다. 선선한 바람이 밀어주듯 등 뒤에서 불어왔다.

고기잡이 등불을 두보 시의 운을 짚어서

정약전

오늘 밤엔 울부짖던 파도 소리도 그치고
고기잡이 등불이 잠든 구름을 비추네
온통 하늘은 푸른빛으로 덮여 있고
뭇 별자리들 여기저기 흩어져 있네
나뭇잎 너머로 이따금 깜박이다가

공중에 더서 보였다 흩어지네
잠들지 않고 몇몇 섬들 빙 둘러 있다가
날 밝아 떠들썩허지니 어지러이 흩날리네.

검은 바다
흑산도

 흑산에 가까워지자 물 색깔이 달라졌다. 햇빛이 닿지 않을 만큼 물이 깊었다. 동백나무와 소나무가 빽빽하게 섬을 둘러싸고 있었다. 우거진 나무들이 작은 바람에도 물결처럼 흔들렸다. 마치 저희들끼리 머리를 맞대고 수군거리는 것 같았다.

 풀숲으로 들어서자 누런 송장 메뚜기 떼가 푸르르 날아올랐다. 여름 가뭄이 긴 탓이었다. 약전은 주머니 속에 넣어 온 구렁이 구슬을 꼭 그러쥐었다. 제 아비를 주겠다고 어린 아들이 가슴에 품고 온 구슬이었다. 고사리 손을 잡은 듯 아릿했다.

 흑산도는 우이도보다 크고 인구도 많았다. 약전은 금세 익숙해졌다. 어부들과 함께 고깃배를 타고 나가는 건 물론 우이도에서처럼 서당을 만들어 아이들을 가르쳤다. 그리고 마침내 벼르던 일을 본격적으로 시작했다. 벼슬을 그만두고서부터 시작했던 물고기 연구를 완성하기로 마음먹은 것이었다. 직접 보고 들은 것을 바탕으로 우리나라 물고기들의 이름과 사는 모습을 밝혀 보고 싶었다. 고기 잡는 일에 일생을 바치는 섬사람들에게는 생활에 보탬을 주고 싶었고, 학자들에게는 좋은 자료를 남기고 싶었다. 약용이 나라의 잘못된 제도를 바로잡고 경전의 올바른 뜻을 밝히는 데 힘쓰며 수십 권의 책을 쓰는 동안 약전은 오로지 물고기 연구에만 몰두했다.

먼저 약용에게 편지로 의견을 물었다. 몇 번의 의논 끝에 약전은 물고기를 그림으로 그리고 상세하게 설명을 붙였다. 비늘이 있는 물고기, 단단한 껍질이 있는 물고기와 그 밖의 바다 생물로 나눈 다음, 이름과 크기, 겉모양과 특징, 생활 상태와 맛, 이용하는 방법과 잡는 때 등을 자세하게 썼다. 섬사람들은 저마다 물고기 박사를 자처하며 도와주었다. 이름을 모르는 고기는 약전이 직접 이름을 지었다.

하루라도 약전이 보이지 않으면 약속이라도 한 듯 양손 가득 음식을 들고 집 안으로 들어서곤 했다.

"나리, 안에 계시지요?"

너도나도 손에 홍어가 들려 있었다. 누가 뭐래도 술안주로 홍어가 제일이었다. 신기한 것이 홍어는 암놈이 바늘에 걸려 오면 꼭 수놈이 뒤따라 걸려 왔다. 암놈이 바늘을 물고 있는 틈에 수놈은 교미를 하기 위해 암놈에게 달라붙기 때문이었다. 움직이는 모양이 흡사 바람에 너울대는 연잎을 닮아서 약전은 '하어(荷魚)'라고 부르기도 했다.

"지금이 홍어가 젤 맛날 때죠."

낮부터 마당 평상에 술상이 차려졌다.

"하하하, 사람들하고는."

막걸리 잔이 한창 오갈 때였다. 강진과 마재를 오가며 약용과 고향 소식을 전하는 장씨가 쭈뼛쭈뼛 눈치를 보며 들어섰다.

"왔으면 들어오지 않고, 왜 그러고 서 있나?"

약전은 아우의 소식을 기대하며 물었다. 대답을 하지 못하고 우물쭈물하는 장씨의 낯빛이 굽시 어두웠다.

"어찌 그러는가? 무슨 할 말이 있는가?"

약전의 다그침에 한참을 망설인 끝에 장씨가 입을 뗐다.

"도, 도련님이, 학초 도련님이 돌아가셨습니다요."

약전은 귀를 의심하며 되물었다.

"뭐? 누가? 누가 죽었다고?"

한양을 떠나올 때 어린 몸으로 과천까지 쫓아왔던 모습이 눈에 선했다. 그게 마지막이었다. 장가를 든 지 일 년도 되지 않았다. 약전보다 학초를 아낀 건 약용이었다. 어릴 때부터 명석하고 총명하다며 약용은 조카를 곁에 두고 가르쳤다. 혼례를 치를 때도 흑산도에 있는 약전 대신 하나하나 세심하게 챙겨 주었다. 아예 강진으로 불러 함께 공부를 하려던 참이었다. 소식을 먼저 듣고서도 약용은 차마 형님한테 알릴 수가 없었다.

"여러 날 고열에 시달리다……."

장씨는 말을 잇지 못했다. 모여 있던 사람들은 순식간에 벙어리가 되었다. 술상을 그대로 둔 채 서로 얼굴만 쳐다보던 이들이 조용히 자리를 떴다. 약전은 손으로 벌겋게 달아오른 얼굴을 감싸며 주저앉았다. 그대로 땅속으로 꺼질 것만 같았다. 다시 벌떡 일어섰다. 하늘이 머리 위로 내려앉을 것 같았다. 앉아도 일어서도 중심을 잡을 수 없었다. 몸이 허깨비마냥 펄럭거렸다. 밤이 오는지 새벽이 오는지, 해가 떴는지 달이 떴는지 아무것도 눈에 보이지 않았다. 약전은 눈물에 젖은 손으로 방바닥을 짚었다. 며칠째 방문을 잠근 채 방바닥을 엉금엉금 기었다. 고사리손으로 건넸던 구슬을 닳도록 만졌다. 늘어뜨린 목구멍에서 꺽꺽 쇳소리가 올라왔다.

"학초야, 아들아! 내 아들아!"

심장이 타들어 가는 것 같았다. 약전은 방문을 박차고 뛰쳐나갔다. 맨발로 단숨에 바다까지 달렸다. 돌부리에 걸리고 까여 발에서 피가 흘렀다. 바람이 불었다. 바다 냄새를 가득 머금은 바람이 숨구멍으로 훅 들어왔다.

"아, 아……"

거북바위 위로 희끄무레한 새벽이 꾸역꾸역 밝아 오고 있었다.

학초 묘지명

정약용

학문을 좋아하더니 명이 짧아 죽었구나

하늘이 나를 축복해 주더니 나를 망하게 했네

세상은 날로 더러워지는데

옛 성인의 도는 묵어만 가는구나

아! 하층의 인간들 주색에 빠지고

상층의 인간들 너무나 모만 나네

슬프다, 누가 내 책을 읽을 수 있으랴.

끝내 보지 못한 세상

봄바람이 나긋나긋 불었다. 하루가 다르게 잎사귀들이 무성해졌다. 약용은 종이를 꺼내 편지를 써 내려갔다.

"매일 하루도 빠짐없이 형제봉*에 올라 형님 계신 바다를 바라봅니다. 저 바다 위를 나는 새가 부럽습니다. 바다 속을 헤엄치는 물고기가 부럽습니다. 우리는 언제나 만날 수 있을까요……."

떨어진 눈물에 글씨가 번졌다. 약용은 눈물을 훔치며 하늘을 올려다보았다. 무심히 흘러가는 구름이라도 쫓아가고 싶었다. 대비 김씨가 죽고 유배가 풀리길 기대했지만 소식이 강진에 도착하기도 전에 번번이 없던 일이 되어 버렸다. 그리움은 더 깊은 우물이 되었다. 깊은 우물에

---

* 강진 읍내 뒷산인 북산의 봉우리.

서 빠져나오는 방법은 오직 한 가지뿐이었다.

약용은 더 열심히 글을 쓰고 책을 지었다. 바람 좋은 날은 하루 종일 꼼짝 않고 앉아 있었다. 지방 관리들이 어떤 마음으로 어떻게 백성을 다스려야 하는지 『목민심서』에 세세하게 적어 나갔다. 뿐만 아니라 나라의 여러 제도와 법 집행에 대해 고민하며 『경세유표』와 『흠흠신서』를 쓰기 시작하였다.

10년이란 세월이 훌쩍 지나갔다. 아침부터 까치가 시끄럽게 울어 대더니 마재에서 편지가 도착했다. 무슨 일인지 보자기가 두툼했다. 보자기를 풀자 빛바랜 치마가 나왔다. 어렴풋한 기억에 아내가 시집올 때 입었던 치마였다. 너무 오래되어 붉은 빛이 다 바래었다. 약용은 치마를 안은 채 눈을 감았다. 깊숙이 배어 있는 아내의 정이 사무치도록 그리웠다.

약용은 치마를 가위로 잘랐다. 두 아들에게 줄 족자 네 첩을 만들고 나머지로는 조그만 가리개를 만들었다. 혼례를 앞두고 있는 딸한테 줄 가리개에는 매화와 새 두 마리를 그리고 시도 한 편 썼다.

'아들에게도, 딸에게도 차곡차곡 챙겨 주고 싶은 게 참 많았는데, 해 줄 수 있는 게 고작 이것뿐이구나.'

생각할 때마다 표현할 수 없는 미안함에 목이 메었다. 약용은 낡은 치맛자락에 마음만 꾹꾹 눌러 새겼다. 그렇게 보퉁이를 싸 놓고도 한참 동안 건네지 못했다.

약전은 『자산어보』를 쓰는 데 더 몰두했다. 어부들과 함께 배를 타고 나가 며칠씩 바다 위에 있기도 했다. 잡은 물고기는 배를 갈라 내장까지

들여다본 다음 그림으로 그렸다. 물고기마다 아가미 모양도 다르고, 부레와 지느러미도 제각각이었다.

7월이면 조기 울음소리를 따라 조기를 쫓아갔다.

"조기는 내장이 깨끗해서 비린내가 안 나요."

전복이 따라 올라왔다. 껍데기의 겉은 단단하고 울퉁불퉁했지만 안쪽

은 만질만질할 뿐 아니라 보석처럼 빛이 났다.

몸통 전체가 빛이 나는 고기도 있었다. 갈치였다. 갈치는 마치 커다란 칼을 빼어 든 것처럼 번쩍번쩍 은빛이 났다.

"나리, 이제 뱃멀미도 안 하시네요."

"하하, 자네들 덕분에 석 달 열흘도 끄떡없네그려."

출렁이는 배 위에서 약전은 어부들과 거침없이 농담을 주고받았다. 특히 장창대를 만나면서 물고기 연구도 속도를 내었다. 창대는 말수가 적고 무뚝뚝했지만 생각이 깊고 꼼꼼했다. 저 혼자 글을 깨치고 공부를 했다고는 믿기지 않을 만큼 차분했다.

"책을 보고 싶으면, 언제든 우리 집으로 오너라."

약전은 아예 창대를 집으로 데려왔다. 숫기가 없어 함께 살면서도 말문을 터는 데 꼬박 한 달이 걸렸다. 창대는 물고기를 관찰하고자 바위에 앉으면 그대로 돌부처가 될 것처럼 꿈쩍도 하지 않았다.

하루는 장독대 위에 생선 가시가 잔뜩 올려 있었다. 창대가 말려 놓은 것이었다. 약전은 가만 두고 보았다.

"나리, 같은 청어인데 이건 흑산도에서 잡히는 청어랑 가시 모양이 다릅니다요."

같은 종류라도 바다에 따라 가시 모양이 달랐다.

"참말로 그렇구나!"

창대는 섬 구석구석을 안내하며 돌아다녔다. 덕분에 물고기뿐 아니라 물새와 해초에 대해서도 자세히 기록할 수 있었다.

세월은 기약 없이 흘렀다. 어느덧 열다섯 번 해가 바뀌었다. 마침내 『자산어보』가 완성되었다.

'섬사람들이 식구처럼 곁을 내어 주지 않았다면 목숨이나 지킬 수 있었을까. 마음의 등불 같은 아우의 편지가 아니었다면 어찌 견딜 수 있었을까. 동지 같은 창대가 아니었으면 이 책을 어찌 완성할 수 있었을까.'

약전은 『자산어보』의 머리말에 기쁜 마음으로 창대의 이름을 써 넣었다.

먹빛 구름이 온통 하늘을 뒤덮었다. 흐린 날에 바다는 아침과 저녁이 구분되지 않았다. 어부들은 약전이 일러 준 대로 바다로 나가지 않았다. 금방이라도 폭풍이 몰아칠 듯했다.

우이도로 돌아온 지 두 해가 지났다. 흑산도 사람들은 뱃길을 막아서며 아쉬워했다. 부득부득 우이도로 돌아온 것은 아우 때문이었다.

"형님, 해배 되는 날 제가 직접 모시러 흑산도로 가겠습니다."

혹시라도 유배가 풀려 약용이 온다면, 흑산도는 뱃길이 너무 험했다. 약용이 오는 길에 조금이라도 더 가까이 나가 있고 싶었다. 약전은 매일 하루도 빠지지 않고 포구에 나와 먼 바다를 바라보았다. 그리움은 층층이 깊어 우거진 나무가 되고, 걸음걸음 멀어져 모래톱이 되었다. 그렇게 또 한 해가 저물었다.

"쿨럭, 쿨럭……."

마른기침이 오래도록 가시지 않았다. 약전은 바위에 앉아 가쁜 숨을 골랐다. 간간한 갯내가 몸 깊숙이 스며들었다. 슬며시 감긴 눈 아래로 뜨거운 눈물이 흘러내렸다. 차차로 올 날을 얼마나 기다렸던가. 약전은 변함없이 깊고 푸른 바다를 보았다. 일렁이는 검은 바다 물결 아래, 홍어와 조기가 힘차게 헤엄치고 있었다.

"나리! 나리, 눈 좀 떠 보셔요."

안부를 살피기 위해 들른 순득이 약전을 흔들며 울부짖었다. 울음소

리를 듣고 마을 사람들이 몰려왔다. 차갑게 식은 약전의 몸을 데우기라도 하듯 서로 포개어 안으며 온기를 더했다. 담장을 둘러싼 나무에 이제 막 6월의 녹음이 짙어 가고 있었다. 약전은 그렇게 조용히 눈을 감았다. 흑산도에서 우이도로 돌아온 지 3년 만이었다.

　소식은 곧장 강진에 전해졌다.

　"아, 형님께서 이리 허망하게 가시면…… 전 어찌합니까……."

　약용은 가슴이 미어졌다. 마지막 가는 형님의 얼굴을 볼 수도 장례를 치를 수도 없는 처지가 원통했다. 온통 적으로 가득 찬 세상에서 언제나 든든한 방패막이가 되어 주었을 뿐 아니라 유일하게 약용이 지은 240권의 책을 전부 꼼꼼히 읽어 준 동지였다. 몇 날 며칠 마음이 갈 곳을 잃고 허공에서 떠돌았다.

　"어허 달구야. 어허, 달구야."

　선소리꾼이 선창을 하자 무덤의 흙을 다지며 달구지꾼들이 한소리로 울었다. 작고 소박한 약전의 무덤 앞에 우이도 사람이 전부 모였다. 구슬픈 달구질 노래가 파도에 실려 일렁일렁 퍼졌다. 바다를 사이에 두고 그토록 그리워했던 형제는 율정리 주막에서 헤어진 뒤 얼굴 한번 보지 못한 채 영원히 이별을 했다.

　약전이 세상을 떠나고 2년 뒤 1818년 9월, 형제에게 내려졌던 유배가 풀렸다. 해배 소식에 약용은 마음이 더 찢어지는 것 같았다. 검은 바다를 바라보며 하루가 백 년 같았을 형님 생각에 눈물이 멈추지 않았다.

　약용은 혼자 쓸쓸히 고향으로 돌아왔다. 마재는 변함이 없었다. 뱀처럼 휘어 흐르던 강과 사시사철 우거진 나무가 건네는 위로에 조금은 누그러들었다. 그러다가도 불쑥불쑥 야속함이 밀려왔다. 변함없이 푸른 산도, 말없이 흐르는 강물도 상처 깊은 골을 메우지 못했다. 마재에 돌아온 뒤 몇 차례 조정의 부름이 있었지만 약용은 흔들리지 않았다. 자신의 묘지명을 비롯해 특별히 아끼던 사람들의 묘지명을 지으며 보냈다.

어느덧 고향으로 돌아온 지 열여덟 해가 지났다. 유배지에서 보낸 만큼의 시간이 흘렀다. 하루 앞으로 다가온 회혼일 준비로 다당이 북적거렸다. 60년, 그 길고도 모진 세월을 함께 한 아내를 위해 준비한 잔치였다. 2월의 연한 햇살이 툇마루에 내려앉았다. 약용은 아내의 손을 꼭 잡았다.

"또 봄이 오긴 오려나 보네."

아내가 미소로 답을 대신했다. 약용은 해가 질 때까지 툇마루에 앉아 마냥 이른 봄바람을 맞았다. 다음 날, 회혼일을 축하하기 위해 일가친척과 제자들이 다 모인 자리에서 약용은 조용히 눈을 감았다. 그렇게 일흔다섯 긴 여정을 마치고서야 그토록 만나고 싶었던 형 약전을 만났다. 바람결에 실려 온 봄이 느긋느긋 마재 언덕을 넘고 있었다.

회근시(回졸詩)
- 다산 정약용의 마지막 시
- 회혼 날을 기념하는 시

육십 년 풍상의 세월 눈 깜짝할 사이 흘러가
복사꽃 활짝 핀 봄 결혼하던 그해 같네
살아 이별 죽어 이별이 늙음 재촉했으나
슬픔 짧고 기쁨 길었으니 임금님 은혜 감사해라
오늘 밤 「목란사(木蘭詞)」는 소리 더욱 다정하고
그 옛날 붉은 치마에 유묵 흔적 남아 있네
쪼개졌다 다시 합한 것 그게 바로 우리 운명
한 쌍의 표주박 남겨 자손들에게 주노라.

깊이 보는 역사

실학 이야기

매일 하루도 빠짐없이 형제봉에 올라
형님 계신 바다를 바라봅니다.
저 바다 위를 나는 새가 부럽습니다.
바다 속을 헤엄치는 물고기가 부럽습니다.
우리는 언제나 만날 수 있을까요…….

유배지에서 실학을 꽃피우다!
정약용과 정약전

　정약전과 정약용은 어려서부터 사이가 좋았을 뿐만 아니라 평생 서로를 인정하며 존중하는 형제였어요. 형제는 고향 마을에서 함께 놀던 시절처럼 성균관에서 공부하며 학문에 힘썼어요. 정약용은 네 살 위인 형 정약전을 아버지처럼 믿고 따랐으며, 정약전은 아우를 지극히 아끼며 자랑스러워했어요. 하지만 형제는 천주교와 관련해 큰 시련을 겪게 되어요.

　특히 형제의 학문과 지혜를 각별히 아끼던 정조가 세상을 떠나자 정치적 견해가 다른 반대파들의 공격이 거세졌어요. 결국 형제는 언제 돌아올지 모르는 유배를 떠났어요. 정약전은 흑산도로, 정약용은 강진으로 내려가 18년을 보냈지요. 형제는 그 긴 시간 동안 단 한 번도 만나지 못한 채 서로를 그리워했어요. 더욱 안타까운 것은 정약전이 유배지에서 세상을 떠나는 바람에 다시는 고향으로 돌아올 수 없게 되었다는 점이었어요.

　형제는 고통스러운 유배 생활 동안 편지를 주고받으며 서로에게 힘이 되어 주었어요. 또한 좌절하지 않고 정약전은 섬 주민들과 함께 생활하면서 해양 생태계를 조사해 『자산어보』라는 소중한 책을 지었고, 정약용은 백성의 목소리에 귀 기울이며 학문에 힘써 수백 여권이 넘는 책을 썼어요.

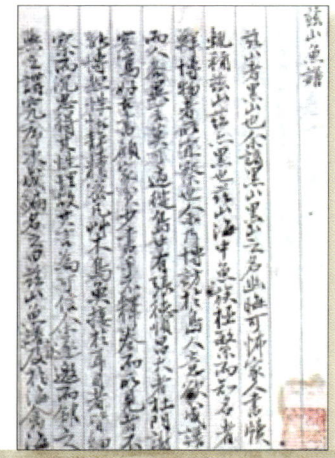
▲ 정약전이 1814년에 쓴 『자산어보』예요. 총 세 권으로 이루어져 있는데, 원본은 없고 필사본만 남아 있어요.

새로운 세상을 꿈꾼 '실학'

조선 시대는 임진왜란과 병자호란 등 큰 전쟁을 치르면서 많은 변화를 겪었어요. 조정의 관리들은 자신들이 속한 붕당이 추구하는 성리학 이론에만 매달려 백성들의 삶에 도움이 되는 현실적인 개혁에는 소홀했어요. 게다가 붕당의 대립이 더욱 심화되었지요. 이런 와중에도 백성의 목소리에 귀 기울이고 그들의 삶이 조금이라도 나아질 수 있는 학문을 연구하고 이것을 실제 생활에 응용하려는 학자들이 있었어요. 이것이 오늘날 우리가 '실학'이라고 일컫는 학문이에요.

실학은 현실에서 생긴 문제점을 분석하고 해결 방법을 마련하고자 하였던 실용적인 학문이었어요. 실학자들은 조선 사회가 당면한 문제를 해결하기 위해 다양한 방안을 제시하였어요. 과거 제도의 개선, 토지 제도의 개혁, 통상 무역이나 수공업의 확대 등을 주장하였어요. 실학자들이 중점을 둔 바가 조금씩 달랐지만 이들이 공통으로 바랐던 것은 조선이 새로운 사회로 나아가는 것이었어요. 이러한 실학의 정신은 19세기 후반 개화 사상가들에게 영향을 주었어요. 유배 생활을 하던 정약용도 백성들의 어려운 삶을 접하고 실생활에 도움이 되는 학문이 필요하다는 것을 깨달아 『목민심서』, 『경세유표』, 『흠흠신서』 등 실학이 발전하는 데 중요한 저서들을 썼답니다. 뿐만 아니라 지방에 근거지를 둔 선비들을 가르치며 후학 양성에도 힘썼어요.

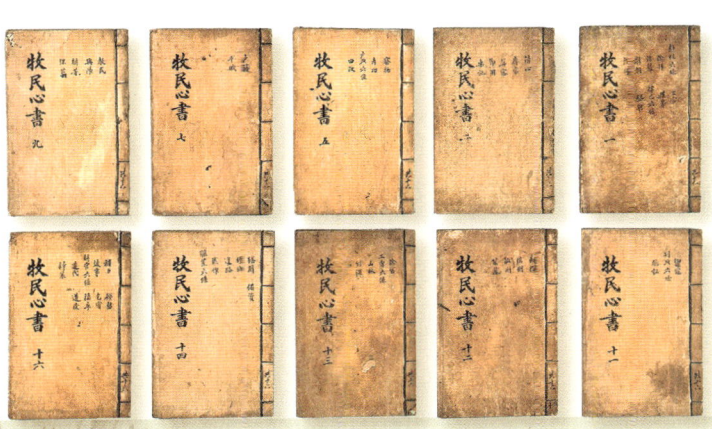

▲ 정약용이 1818년에 완성한 『목민심서』예요. 백성을 다스리는 수령이 마음에 새겨야 할 책으로, 정약용의 대표적인 저서예요.

꿈의 성, 화성을 짓다!

　수원 화성은 계획도시예요. 사도 세자의 아들인 정조는 왕위에 오르자 아버지의 묘를 수원의 화산으로 옮기고 성 축조 계획을 세웠어요. 수원 화성을 새로운 도읍으로 삼을 생각이었지요. 기존의 성과는 확연히 다른 새로운 기능의 성을 만들고자 했고, 젊고 참신한 인재 정약용에게 설계를 맡겼어요. 정약용이 화성 설계에 중점을 두었던 내용은 방어 시설이었어요. 전쟁시 성 안의 백성들이 따로 피난 갈 필요가 없을 정도의 방어 체계였던 셈이지요. 정약용은 『성설』이라는 책에 화성의 크기와 재료, 성을 쌓는 방법, 필요한 도구, 주변 도로와 구조물, 돌을 캐어 운반하는 방법 등 성을 쌓기 위한 모든 내용을 자세히 기록했어요. 『성설』의 내용은 후에 고스란히 『화성성역의궤』에 실렸어요.

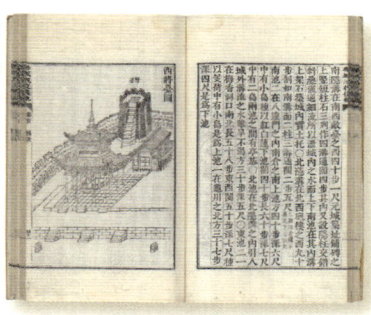

◀ 수원 화성 공사와 새로운 도시 건설에 관한 것을 정리한 『화성성역의궤』로, 1794년 1월부터 1796년 8월까지 수원 화성 성곽을 축조한 내용을 기록한 종합 보고서예요. 의궤로는 드물게 활자로 인쇄되어 널리 알려져 있어요.

　성을 쌓으려면 무거운 돌을 나르고 들어 올려야 했어요. 정약용은 정조가 준 『기기도설』과 『도서집성』을 참고하여 거중기와 녹로, 유형거 등 새로운 도구를 설계했어요. 거중기는 도르래의 원리를 응용해 작은 힘으로 무거운 물건을 들어 올리는 데 사용했어요. 녹로는 높은 곳이나 먼 곳으로 무엇을 달아 올리거나 끌어당길 때 쓰였어요. 유형거는 큰 수레의 단점과 썰매의 단점을 보완해 만들었지요.

화성 건설은 처음에 공사 기간을 10년으로 잡았어요. 하지만 1794년 1월부터 시작해 1796년 9월에 완공했어요. 공사를 시작한 지 2년 8개월 만에 완성했지요. 뿐만 아니라 성을 쌓는 데 들어가는 비용도 크게 줄었어요. 화성을 이렇게 빠르고 경제적으로 완공할 수 있었던 데에는 정약용의 치밀한 설계와 거중기, 수레 등의 도구가 발명되었기 때문이에요. 또 내로라하는 기술자들에게 임금을 주었기 때문에 기술자들이 돈을 벌기 위해서라도 더 부지런히 열심히 일을 했던 덕분이지요.

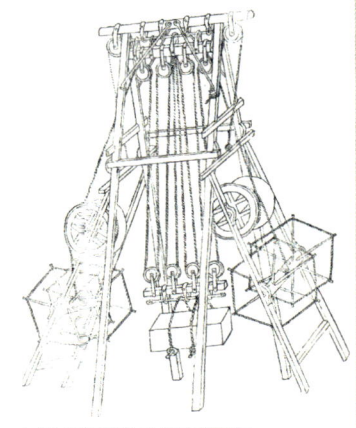
▲ 『화성성역의궤』에 실린 거중기로, 무거운 물건을 들어 올리는 데 쓰였어요.

정조는 화성을 튼튼하면서도 아름답게 만들고 싶었어요. 정약용은 그 마음을 잘 헤아렸고요. 그래서 화성을 쌓는 동안 기술자들에게 진심을 다해 대우했어요. 여름철에는 더위를 먹지 않도록 했고, 혹시라도 더위를 먹은 기술자가 있으면 흔약을 내려 보살폈지요. 또 겨울철에는 모든 일꾼들에게 털모자와 무명 한 필씩을 주어 따뜻하게 보내게 했어요. 또 공사가 끝난 뒤에도 기술자들에게 많은 상을 내려 보답했지요. 이렇듯 수원 화성은 정조를 비롯해 수많은 일꾼, 그리고 정약용처럼 젊은 실학자가 함께 이루어 낸 우리 민족의 위대한 문화유산이라 할 수 있어요.

▲ 정조가 어머니 혜경궁 홍씨의 환갑을 기념하여 수원에서 과거를 열어 신하들과 군사를 이끌고 가는 「화성능행반차도」예요.

정약용의 모든 학문이 집대성된 곳, 다산 초당

　다산 초당은 전라남도 강진군에 있는 주택으로, 정약용이 신유사옥 때 유배를 받아 생활했던 곳이에요. 정약용은 강진에서 유배 생활을 18년간 했는데, 이곳에서 10여 년을 넘게 살았어요. '다산(茶山)'이라는 명칭은 차(茶)가 많이 나는 강진의 귤동 뒷산의 이름을 따온 것인데, 정약용은 이것을 자신의 호로 정했지요. 힘겨운 유배 생활 속에서도 정약용은 이곳에서 수많은 제자들을 가르치고, 약 500여 권에 이르는 책을 쓰며 조선 시대 후

실학을 집대성한 대학자 정약용

　정약용은 새로운 시대를 열어 가기 위해 그 누구보다 열심히 학문에 힘쓰며 백성들을 위해 일했어요. 수원 화성을 설계하고 건설 과정을 주도했어요. 특히 도르래의 원리를 활용하여 공사 기간을 단축하였고, 정조의 화성 행차를 위해 배다리를 설계하기도 했어요. 하지만 억울한 누명을 받아 오랫동안 유배 생활을 해야만 했어요.

　정약용은 고통스러운 유배 생활 동안 좌절하지 않고 끊임없이 백성들을 위한 학문에 힘쓰며 지방관이 지켜야 할 행정 지침서인 『목민심서』와 국가 기구의 개혁 방향을 담은 『경세유표』, 이 밖에도 지리학 분야와 의학 분야에 대한 책을 펴 내면서 백성들의 삶에 도움이 되는 학문에 힘쓰며 실학을 집대성한 대학자로 큰 발자취를 남겼어요. 이러한 정약용의 사상과 활동은 후대에 크게 영향을 끼쳐 '다산학'이라고 할 수 있을 정도로 방대한 학문 세계를 열었답니다.

기 실학을 집대성하였어요. 『목민심서』, 『경세유표』, 『흠흠신서』 등이 대표적인 작품이에요.

▲ 사적 제107호인 다산 초당은 원래 작은 초가집이었는데 1958년 기와집으로 새롭게 지었어요.

우리나라 해양 생태계를 집대성한 정약전

새로운 세상을 꿈꾸었던 정약전은 억울한 누명으로 죄인이 되어 한 번 가면 다시는 돌아올 수 없다는 검은 섬, 흑산도에서 유배 생활을 하게 되었어요. 정약전은 힘겨운 유배 생활이었지만 이곳 섬사람들과 더불어 새로운 희망을 만들어 갔어요. 어부들과도 스스럼없이 어울리고 또 지역 아이들을 가르치면서 정약전은 흑산도 일대 물고기들과 해양 생물들을 조사하고 이를 분류하여 종류별로 명칭과 분포 형태와 그 특징들을 자세히 기록한 『자산어보』를 완성했어요. 그저 입으로만 전해지는 해양 생물들에 대한 이야기가 아니라 그림과 함께 글로 만든 책을 통해 섬마을 사람들에게 도움을 주기 위해서였어요. 백성들의 삶과 생활 속에 도움이 되는 학문에 힘쓰고자 했던 정약전의 노력 덕분에 해양 생태계를 살필 수 있는 소중한 백과사전이 만들어질 수 있었답니다.

함께 이루는 아름다운 순간

정약용

- **1762년** 광주(현 경기 남양주시)에서 출생.
- **1776년** 호조좌랑에 임명된 아버지를 따라 서울로 상경.
- **1783년** 복시에 합격, 경의진사가 되어 어전에서 《중용》을 강의.
- **1789년** 식년문과에 갑과로 급제, 검열이 되었으나 천주교인 탄핵으로 해미에 유배되었다가 10일 만에 풀려나 지평으로 등용.

1750년 — 1770년 — 1780년

- **1758년** 경기도 광주에서 출생.
- **1777년** 권철신을 중심으로 한 서학 공부 모임인 강학회에 참여하기 시작.
- **1783년** 소과에 합격.
- **1784년** 사돈 이벽을 통해 천주교를 접하고 《천주실의》, 《칠극》 등 교리서를 빌려 읽으면서 천주교를 신봉하게 됨.

정약전

1792년
서양식 축성법을 기초로 한 성제와 기중가설을 지어 수원성 수축에 기여.

1794년
경기도 암행어사로 활동.

1799년
병조참의가 되었으나 모함을 받아 사직.

1801년
정조 사망 후 황사영 백서 사건에 연루되어 강진으로 유배.

1818년
《목민심서》 완성.

1836년
2월 22일에 사망.

1790년   1800년   1830년

1790년
증광별시에서 장원으로 급제.

1797년
병조좌랑을 지냄.

1798년
임금의 명령을 받아 경상도 각 고을의 인물을 평론한 《영남인물고》를 공동으로 편찬.

1801년
정약용과 천주교를 신봉했다는 죄목으로 체포되어 전남 신지도로 유배됨.(신유사옥) 황사영의 죄와 관련하여 다시 서울로 올라와 국문을 받고 11월 5일 흑산도로 유배.

1814년
흑산도 해중에 서식하는 어종과 해초의 이름 및 습성을 연구한 《자산어보》를 집필.

1816년
6월 6일, 유배 생활 중 사망.

163

작가의 말

주막집 새벽 등잔 파르르 꺼지려는데
일어나 샛별을 보니 헤어질 일 참담하네
그리운 정 가슴에 품은 채 두 사람 서로 할 말을 잃어
억지로 말을 꺼내니 목이 메어 오열하네

강진으로 떠나는 정약용이 흑산도로 떠나는 정약전과 율정에서 마지막 밤을 함께 보내며 읊은 시입니다. 이렇게 헤어진 형제는 생을 마감하는 날까지 다시 만나지 못했습니다. 18년의 유배를 마치고 약용은 고향으로 돌아왔지만, 약전은 동생 얼굴 한번이라도 볼까 전전긍긍 그리움만 쌓다가 소흑산도인 우이도에서 눈을 감았지요. 약전은 유배가 풀렸을 때 강진에 있는 동생의 얼굴을 조금이라도 더 빨리 보려고 흑산도가 아닌 우이도에 머물렀는데, 결국엔 만나지 못한 겁니다.

잘 알고 있듯이 다산 정약용은 조선 시대를 대표하는 대학자입니다. 정치, 경제, 의학, 문학, 물리학, 천문학 등 다양한 분야에서 학문적 깊이를 가늠할 수 없을 만큼 많은 저서를 남기기도 했지요. 그런 정약용이 인간적으로 학문적으로 가장 따르고 의지했던 사람이 바로 둘째 형 약전이었습니다. 우리에겐 『자산어보』의 저자로만 알려져 있지만, 약용의 방대한 저서 뒤에는 늘 약전의 조언과 연구가 함께했습니다.

형제의 이야기를 동화로 쓰겠다고 마음먹은 순간부터 마지막 문장의 마침표를 찍는 순간까지 참 오랜 시간이 걸렸습니다. 감당할 수 없을 만큼 큰 사람을, 그것도 두 사람의 삶을 이야기로 엮어 가는 일은 염려했던 것보다 훨씬 어려웠습니다. 형제의 업적과 방대한 저서는 감히 다룰 수조차 없었고, 인간적 자취를 따라가는 일도 몹시 버거웠습니다.

1801년, 누구보다 형제를 아끼던 정조 임금이 갑자기 세상을 떠나고, 그들에게 불어 닥친 운명은 너무나 가혹했지요. 형제자매, 친인척의 살육을 보아야 했고, 18년이란 세월을 유배의 땅에서 보내는 동안 형제의 마음이 어떠했을지 상상하는 일조차 죄스러운 마음이 들었습니다. 그럼에도 포기할 수 없었던 건, 턱없이 부족한 글이지만 이 글을 통해서 두 형제의 삶이 세상 밖으로 더 많이 나오길 바라는 마음이 컸기 때문입니다. 특히 늘 동생의 뒤에 한 발짝 물러나 있던 정약전의 학문적 깊이뿐 아니라 인간적인 모습이 더 알려지길 바랐습니다. 조금 더 바란다면, 이 책을 읽는 우리 친구들이 200여 년 전 형제가 살았던 시대뿐 아니라 그들이 꿈꾸었던 세상에 대해서도 관심을 가졌으면 합니다.

앞서 살았던 인물의 이야기를 통해 우리가 배워야 할 것은 과거가 아니라 미래가 아닐까 생각합니다. 정약용과 정약전 형제는 누구보다 일찍 천문학과 물리학에 눈을 떴고, 그것을 일상생활에 적용하려 했습니다. 4차 산업 혁명의 시대를 열어 갈 우리 친구들에게 형제의 이야기가 역사를 넘어 과학, 철학과 인문학의 세계로 안내하길 희망합니다.

―우현옥

참고한 책

『정약용과 그의 형제들 1, 2』, 이덕일, 다산북스, 2012
『현산어보를 찾아서 1-5』, 이태원, 청어람미디어, 2002
『흑산』, 김훈, 학고재, 2011
『자산 정약전』, 김영주, 이리, 2014
『바다를 품은 책 자산어보』, 손택수, 아이세움, 2006
『손암 정약전 시문집』, 허경진, 민속원, 2015
『다산 정약용 평전』, 박석무, 민음사, 2014
『아버지의 편지』, 정약용, 한문희 엮음, 함께읽는책, 2004
『유배지에서 보낸 편지』, 정약용, 박석무 엮음, 창비, 2009
『편지로 우애를 나눈 형제 정약용과 정약전』, 홍기운, 머스트비, 2014
『물고기 선생, 정약전』, 김일옥, 개암나무, 2016
『자산어보』, 정약전, 정문기 옮김, 지식산업사, 2002
『다산서간정선』, 정약용, 정약전, 정해렴 옮김, 현대실학사, 2002
『서눌 샌님 정약전과 바다 탐험대 1-3』, 김해등, 웅진주니어, 2011
『수원화성과 정약용』, 이정범, 주니어김영사, 2011
『다산시선』, 정약용, 허경진 옮김, 평민사, 2007

* 이 책에 실린 사진은 소장하고 있는 곳과 저작권자의 허락을 받아 게재했습니다.
저작권자를 찾지 못하여 게재 허락을 받지 못한 사진에 대해서는 확인되는 대로
허락을 받도록 하겠습니다.

토토 역사 속의 만남

형제, 유배지에서 꿈을 쓰다

초판 1쇄 2019년 7월 16일
초판 3쇄 2021년 5월 3일
글 우현옥 | **그림** 김세현
기획·편집 박설아
마케팅 강백산, 강지연
디자인 정계수

펴낸이 이재일 | **펴낸곳** 토토북
주소 04034 서울시 마포구 양화로11길 18, 3층(서교동, 원오빌딩)
전화 02-332-6255 | **팩스** 02-332-6286
홈페이지 www.totobook.com | **전자우편** totobooks@hanmail.net
출판등록 2002년 5월 30일 제10-2394호
ISBN 978-89-6496-405-7 74810
　　　 978-89-6496-266-4 (세트)

ⓒ 우현옥, 김세현 2019

이 책은 저작권법에 의해 보호를 받는 저작물이므로 무단 전재 및 무단 복제를 금합니다.
잘못된 책은 바꾸어 드립니다.

제품명: 형제, 유배지에서 꿈을 쓰다 | 제조자명: 토토북
제조국명: 대한민국　|　전화: 02-332-6255
주소: 서울시 마포구 양화로11길 18, 3층(서교동, 원오빌딩)
제조일: 2021년 5월 3일 | 사용연령: 8세 이상
KC 인증 유형: 공급자 적합성 확인
＊KC마크는 이 제품이 공통안전기준에 적합하였음을 의미합니다.

⚠ **주의** 아이들이 책의 모서리에 다치지 않게 주의하세요.